CANTILÈNES EN GELÉE

JE VOUDRAIS PAS CREVER

Du même auteur chez le même éditeur :

J'IRAI CRACHER SUR VOS TOMBES (Sullivan).
LES MORTS ONT TOUS LA MÊME PEAU (Sullivan).
LE LOUP-GAROU.
THÉATRE INÉDIT : Tête de méduse, Série blême, le Chasseur français.
DOSSIER DE L'AFFAIRE « J'IRAI CRACHER SUR VOS TOMBES », établi par Noël Arnaud.
LE CHEVALIER DE NEIGE.
LES FOURMIS.
CHRONIQUES DU MENTEUR.
L'HERBE ROUGE.
L'ARRACHE-CŒUR.
TEXTES ET CHANSONS.
L'ÉCUME DES JOURS.
ET ON TUERA TOUS LES AFFREUX.
OPÉRAS (à paraître).
PETITS SPECTACLES (à paraître).

Dans la collection 10-18

L'AUTOMNE A PÉKIN.
CANTILÈNES EN GELÉE.
CHRONIQUES DE JAZZ.
L'ÉCUME DES JOURS.
ELLES SE RENDENT PAS COMPTE.
EN AVANT LA ZIZIQUE.
ET ON TUERA TOUS LES AFFREUX (Sullivan).
JE VOUDRAIS PAS CREVER.
LES FOURMIS.
LE LOUP-GAROU.
TEXTES ET CHANSONS.
THÉATRE, t. I - t. II.
TROUBLE DANS LES ANDAINS.

LES VIES PARALLÈLES DE BORIS VIAN, par Noël Arnaud.
LES VIES POSTHUMES DE BORIS VIAN, par Michel Fauré.

BORIS VIAN

CANTILÈNES EN GELÉE

précédé de
BARNUM'S DIGEST
et suivi de
VINGT POÈMES INÉDITS

JE VOUDRAIS PAS CREVER

suivi de
LETTRES AU COLLÈGE DE
PATAPHYSIQUE
et TEXTES SUR LA LITTÉRATURE

Préfaces et notices par Noël Arnaud

CHRISTIAN BOURGOIS ÉDITEUR
8, rue Garancière
Paris - 6ᵉ

© Union générale d'éditions, 1972 et

© Ursula Vian, 1972, pour *Cantilènes en gelée, Barnum's Digest, Vingt poèmes inédits*.

© Jean-Jacques Pauvert, 1962, pour *Je voudrais pas crever, Lettres au collège de Pataphysique* et *Textes sur la littérature*.

ISBN 2-267-00008-3

CANTILÈNES EN GELÉE

BORIS VIAN, POETE

Nous n'entreprenons pas une analyse critique des poèmes de Boris Vian. Nous ne cherchons pas à les installer dans la longue histoire de la poésie française ; nous ne tentons pas de déterminer les influences qui peuvent s'y faire jour ou, inversement, la part d'originalité qu'ils révèlent.

Notre tâche est simplement de publier ces poèmes et de communiquer au lecteur les renseignements que nous avons pu recueillir sur les dates et les circonstances de leur composition. C'est une première mise en garde, la seconde la voici :

Certains, qui n'auraient peut-être pas tort, verraient la poésie de Boris Vian autant, ou même davantage, dans ses romans que dans ses poèmes. Il est évident que L'Ecume des Jours *ou* L'Arrache-Cœur *baignent de poésie. Les surréalistes (Gérard Legrand, Georges Goldfayn) jugent* L'Ecume des Jours *(en 1953, en 1956, quand personne ne le lisait) un admirable livre, un des très rares romans de ce temps qui méritassent d'être lus. Les surréa-*

listes de stricte obédience ont toujours manifesté grande méfiance envers le « roman ». On peut donc gager qu'ils goûtent moins dans L'Ecume des Jours *l'anecdote, ou la construction du livre ou la conduite du récit, que la poésie dont chaque geste des personnages, chaque décor irradie. Cela dit pour qu'on veuille bien admettre que les poèmes de Boris Vian publiés dans le présent volume ne sauraient constituer toute la poésie de Boris Vian.*

Du reste, à s'en tenir aux seuls écrits ayant pris forme de poèmes, Boris Vian est l'auteur d'une ample série d'œuvres qu'on ne lira pas ici, et dont les premières remontent à 1940, peut-être à 1939. Dès 1943, il songeait à en faire un volume sous le titre des Cent Sonnets. *En 1944, le recueil, gros de cent douze sonnets dont six « en forme de ballade », illustré de nombreux dessins hors texte aux encres de couleur de Peter Gna (frère de Michelle Léglise, première épouse de Boris Vian), précédé d'une minutieuse table des matières, était thématiquement ordonné et bénéficiait de la protection d'une solide reliure à anneaux. Au long des années, Boris compulsera son épais manuscrit, y introduira maintes retouches et corrections, fera dactylographier plusieurs poèmes. A une époque tardive, il reprendra et modifiera le classement des poèmes par thème, conservera cinquante-deux des cent douze pièces initiales et les recouvrira d'une chemise portant le titre* Cent Infâmes Sonnets, *d'où l'on peut inférer qu'il se proposait de refabriquer, un jour ou l'autre, quarante-huit poèmes destinés à parfaire le nombre primitivement calembouresque de cent.*

Calembours, en effet, contrepèteries, incongruités verbales de toutes sortes foisonnent, pétillent, éclatent dans ces œuvres qu'il nous faut bien appeler « de jeunesse », non par bêtification ou béatification, mais parce qu'elles sont chronologiquement au commencement. Il est intéressant d'observer que Boris Vian, loin de renier ces poèmes quasi adolescents comme font nombre d'écrivains qui se désavouent d'une œuvre à l'autre, s'entêtera dans le dessein d'en faire quelque chose, à vrai dire nous ne savons trop quoi. Aux oreilles frémissantes de stupéfaction d'un journaliste avide de connaître la meilleure expression du lyrisme « existentialiste », nous l'entendrons, un jour de 1947, déclamer Histoire de Bègue, *un des* Cent Sonnets, *écrit en 1942, en un temps où il ne pouvait prophétiser l'avenir de Saint-Germain-des-Prés et de ses caves.*

Les Cent Sonnets *paraîtront peut-être un jour ; d'excellents exégètes de l'œuvre de Boris Vian le souhaitent ; ainsi Michel Rybalka* (Boris Vian, essai d'interprétation et de documentation, *Les Lettres Modernes, Minard, 1969) qui estime que « malgré la faible qualité littéraire de la plupart des textes, les* Cent Sonnets *constituent cependant un document de tout premier ordre pour la connaissance de Boris Vian ».* Au jugement de Michel Rybalka, on y distingue en filigrane la plupart des thèmes et obsessions qui caractériseront les œuvres ultérieures. Et, à nos yeux, par-dessus tout, la peur de la poésie en ce qu'elle met à jour l'intime de l'individu, en ce qu'elle est confession et dénonciation, voire exhibitionnisme. L'extrême pudeur de Boris Vian le fera toujours chercher refuge dans le langage et ses jeux pour dissimuler sa sensibilité, oubliant que le langage se prête à toutes les fantaisies pour mieux vous attirer dans ses pièges et vous faire dévoiler, par les larmes ou le rire, la gravité ou la gaudriole, vos tares secrètes ou vos dérisoires espérances.

Cette sorte de contrainte que les jeux sur les mots imposent au poète, sous couvert de liberté, on eût bien fâché Boris Vian si l'on avait avancé qu'elle relevait de la rhétorique. Et pourtant elle en procède de toute évidence.

Au demeurant, les premiers essais poétiques de Boris Vian furent jeu pur et avoué. C'est dans l'hiver 1939-1940 que, à Ville-d'Avray, débuta une abondante production de bouts-rimés (ou bourrimés selon l'orthographe de Boris) à laquelle contribuèrent les trois frères Vian (Lélio dit Bubu, Alain et Boris), leur père Paul Vian, Jean Rostand et son fils François (dit Monprince), des amis de l'Ecole Centrale, des voisins, des invités occasionnels. Trente-sept sessions de bourrimés se tinrent en quelque trois années, et les archives de la manufacture, dont Boris s'était institué le conservateur, recèlent quarante-trois poèmes de sa main. Doit-on inclure ces poèmes-là dans ses œuvres ? De bons esprits y seraient disposés qui ne tiennent pas la technique du bout-rimé pour inférieure (à quoi d'ailleurs ?) ou méprisable. Mallarmé, bâtissant son sonnet en -yx, demandait à ses amis Cazalis et Lefébure de se concerter afin de lui expliquer le sens réel du mot « ptyx », et il ajoutait : « On m'assure qu'il n'existe en aucune langue, ce que je préférerais de beaucoup à fin de me donner le charme de le créer par la magie de la rime. » Quant à Pierre Corneille, le grand Corneille, on sait que, par la trappe qui faisait communiquer son appartement avec celui de son frère, il lui arrivait en cas de panne — et elles étaient fréquentes — de crier : « Thomas, envie-moi des rimes ! » Les bouts-rimés de Corneille et de Mallarmé, et de vingt autres qui sont illustres, forment la gemme de la poésie française. Nous ne jurons pas que les bourrimés de Boris Vian y ajouteront d'autres feux, mais assurément, dès lors que la notoriété s'est emparée de lui, on ne les regardera plus seulement comme un divertissement de société. Peut-être y trouvera-t-on matière à réflexion (tel *opère un miroir grossissant) sur ses œuvres plus personnelles.*

A peine close la période des bourrimés *et tandis qu'il écrit les derniers des* Cent Sonnets, Boris Vian *s'attelle à une tâche exaltante : chanter en vers coppéens les hauts faits de son ami le Major, Jacques Loustalot, que* Trouble dans les Andains, Vercoquin et le Plancton *et maintes nouvelles immortaliseront. Le Major n'est pas encore un des héros de Saint-Germain-des-Prés, mais c'est déjà pour Boris un être de légende, une légende que Boris lui-même s'emploie à tisser et à transmettre sans retard aux générations futures (sur le Major, voir* Les Vies Parallèles de Boris Vian, *collection 10-18). En mai 1944, il écrit le premier poème de cette chronique rimée qu'il couvre du titre général* Un Seul Major, Un Sol Majeur *« par le Chantre espécial du Major ». De ce recueil — qui reçut un instant le titre* Les Intuitions phénoménales *— subsistent, et nous ne pensons pas qu'il y en eut d'autres, neuf pièces. Deux ont été utilisées par Boris dans la troisième partie de* Vercoquin et le Plancton : *la première, d'une désarçonnante platitude, intitulée* Les Intentions *(et non plus les Intuitions)* phénoménales, *sort des poches de Fromental de Vercoquin... et le Major y reconnaît — mais il est bien le seul — l'influence de Verhaeren ; quant au second poème, en quatre parties, commençant par « Chaussée d'es-*

carpins verts... », Boris en attribue la paternité au Major lui-même : c'est un pastiche de Victor Hugo, de Baudelaire et de Maurice Rollinat. Sept pièces sur neuf d'Un Seul Major, Un Sol Majeur *sont datées :* la plus ancienne du 12 mai 1944, la plus récente du 12 janvier 1945. Après quoi, seize mois durant, à moins que de nouvelles découvertes ne nous contredisent quelque jour, Boris s'abstiendra d'écrire des poèmes, mis à part un pastiche graveleux du célèbre poème Liberté de Paul Eluard.

Soudain, le 11 avril 1946, la lyre de Boris, oubliée dans un coin, se reprend à vibrer. Ce jour-là, plusieurs poèmes tombent sur sa table. Sans que Boris s'en doute, les Cantilènes en Gelée *commencent à prendre forme. Notons que ce 11 avril 1946, l'auteur Boris Vian n'est pas encore né. Aucun livre de lui n'a été publié, aucun article sous son nom. Quant au trompettiste amateur, s'il n'est pas un inconnu dans le milieu très restreint du jazz, il s'en faut d'un an très précisément pour que le Tabou-Club, qui ouvrira ses portes le 11 avril 1947, répande son nom dans les gazettes à fort tirage.*

Le poète Boris Vian procède par saccades. La rédaction de L'Ecume des Jours, *l'opération manquée du Prix de la Pléiade, la fabrication fiévreuse de* J'irai cracher sur vos Tombes *et les incidents qui s'ensuivent, l'édition de* Vercoquin et le Plancton, *la naissance de* L'Automne à Pékin, *et mille et mille activités refrènent, pendant un an, les élancements poétiques. En avril 1947, nouveau réveil : quelques poèmes, quatre au moins jusqu'en juin, et l'instrument s'arrête. Le 9 février 1948, journée faste : cinq poèmes. Notre sentiment est qu'à ce moment-là Boris a réuni la matière des deux recueils* Cantilènes en Gelée *et* Barnum's Digest. *Non, pas tout à fait.* Cantilènes — *qui va se vendre cher — aura besoin d'être étoffé* in extremis. *Boris complètera en hâte le manuscrit d'un long poème, le plus long de tous, et qui y figure en dernier :* Les Frères, *écrit le 6 février 1949. D'inspiration, de ton, de forme, il diffère nettement des autres poèmes du recueil. Est-ce d'ailleurs bien un poème ? Boris l'a écrit comme une chanson et l'a traité comme tel jusqu'à en écrire la musique.*

Dix poèmes, de la production des années 1946 à 1948, vont soutenir une série de dessins de Jean Boullet où, sous prétexte de cirque, s'affichent les goûts de l'artiste pour toute tératogénie sexuelle propre à changer un peu la face des choses : être ambigus, hermaphrodites délicieux, sodomites d'une beauté foudroyante, chiens bien membrés amis de l'homme (et des dames), sirènes, sphinges, femmes à barbe hideuses dont on ne sait qui, du giton, de la tribade ou du hussard, elles peuvent émouvoir sauf à les réunir tous trois sur leur couche. Ce sera

Barnum's Digest, 10 monstres fabriqués par Jean Boullet et traduits de l'américain par Boris Vian.

La plaquette paraît, sans date, « aux Deux-Menteurs, 68, avenue d'Italie, Paris », domicile, alors, de Jean Boullet, à compte d'auteur, avec cette justification du tirage : « Cette plaquinette illustrée de 10 monstres tous fabriqués par Jean Boullet a été tiraillée à deux cent cinquante exemplaires numismatés de un à deux cent cinquante. » En fait, nombre d'exemplaires furent mis en circulation non numismatés. Personnellement, nous n'en vîmes jamais un qui le fût. Il est de tradition, depuis les premiers travaux bibliographiques faits sur Boris Vian par François Caradec (Dossier 12 du Collège de Pataphysique), de fixer à 1948, après mars, la date de publication de Barnum's Digest. *La mémoire de Jean Boullet étant, sur ce point, défaillante et comme nous n'avons trouvé aucune preuve contrariant cette hypothèse assez solidement fondée, nous maintiendrons la date de 1948. Assurément,* Barnum's Digest *a précédé, de peu,* Cantilènes en Gelée. *D'une orthodoxie sexuelle insoupçonnable, Boris Vian portait grande amitié à Jean Boullet qui avait illustré en 1947 une édition de luxe de* J'irai cracher sur vos Tombes *et, en cette année 1948, était le décorateur de la pièce tirée du roman. Ensemble, à la faveur d'un raout au Club du Vieux-Colombier, ils lanceront en 1950 le faire-part de deuil de la chemise à carreaux et recommanderont le port de la chemise rayée. Jean Boullet préparera plusieurs dessins impressionnants destinés à une édition de* L'Equarrissage pour Tous *qui ne verra pas le jour ; il sera pressenti pour être l'un des illustrateurs du* Manuel de Saint-Germain-des-Prés *annoncé pour paraître en 1950 et toujours inédit.*

C'est par le journaliste Eugène Moineau, observateur et parfois acteur des charmantes sauteries de Saint-Germain-des-Prés, interprète principal avec Boris Vian du film de Jean Suyeux Bouliran achète une Piscine *(1947), que R.J. Rougerie, de Limoges, qui éditera* Cantilènes en Gelée, *entre en relation avec Boris Vian. Rougerie s'obstinera dans le difficile métier d'éditeur et saura y préserver une part suffisante d'amateurisme pour publier parfois quelques bonnes choses, en volume ou dans sa revue* Réalités secrètes. *Il en est alors à ses premiers pas, mal assurés.*

Dans l'immédiate après-guerre, son père dirigeait Le Populaire du Centre *auquel collaboraient deux écrivains dont la réputation devait s'affirmer, Robert Margerit — rédacteur en chef du journal — et Georges-Emmanuel Clancier. Une revue littéraire* Centres *(au pluriel), qu'ils avaient fondée, consolait Margerit et Clancier de leurs besognes journalistiques. Rougerie junior — de loin leur cadet — à qui ils avaient inoculé le virus, les suivait sur cette pente dangereuse.*

Le Populaire du Centre *doit un jour cesser de paraître. Le père Rougerie, préoccupé de l'avenir de son fils, investit une part de son avoir dans une société à responsabilité limitée, la Photomécanique, atelier de photogravure, trait et simili, et de photo industrielle, installée à Limoges, d'abord 3* bis, *rue Pierre-Leroux, puis 25, rue Bernard-Palissy. Le jeune Rougerie, patron de l'entreprise, tente aussitôt et tout naturellement d'y greffer un peu de poésie. Georges-Emmanuel Clancier l'encourage et lui dispense ses conseils. On possède un matériel de photo-gravure, eh bien, c'est avec ce matériel-là qu'on honorera la poésie ! Les moyens techniques réduits dont dispose Rougerie le contraignent au « luxe », savoir à la reproduction autographique des textes, puisque ce luxe-là, fait à la maison et en quelque sorte de ses mains, est encore ce qui coûte le moins cher. Et voilà pourquoi* Cantilènes en Gelée, *second volume de la collection « Poésie et Critique » dirigée par Georges-Emmanuel Clancier chez l'éditeur débutant Rougerie, photograveur de son état, sera un beau livre, tout entier autographique et généreusement illustré.*

D'une de ses « virées » à Paris, dont l'absolvent son aimable jeunesse autant que les devoirs de son double métier de photograveur et d'éditeur, Rouge-

rie rapporte le gros des textes des Cantilènes et les soumet à Clancier qui les accueille volontiers dans sa collection.

Peu après, Boris envoie à Rougerie « le restant » des Cantilènes (Les Frères, supposons-nous), mais les parents de Rougerie décachettent la lettre et jettent l'enveloppe au panier. Rougerie ne sait à quelle adresse écrire à Boris. Il confie à Eugène Moineau le soin de lui transmettre le projet de contrat. Seul incident notable dans l'accomplissement d'un projet que Boris suit avec intérêt. Intérêt bien compréhensible au fond : même pour le romancier de l'illustre maison Gallimard, même pour le traducteur émérite et menacé de prison des Vernon Sullivan, même pour la vedette des caves « existentialistes », ce n'est pas rien que de publier un recueil de poèmes, fût-ce chez un modeste éditeur provincial qui se montre d'ailleurs très soucieux de bien faire et de suivre les suggestions de l'auteur.

Boris autographie des bulletins de souscription... que Rougerie doit tirer « à la main », sa presse étant en panne ! Décidément, tout le condamne au « luxe », pour la joie des bibliophiles amateurs de Boris Vian, il est vrai, en 1949, encore bien hypothétiques :

« *A paraître vers avril, aux Editions R. J. Rougerie, Limoges, Boris Vian*, Cantilènes en Gelée, *poèmes vertueux, illustrés par Christiane Alanore.*

Manuscrits photogravés sur hélio in-coq tous numérotés et signés, tirage limité à : deux cents exemplaires comportant cinq dessins, au prix de F 500, dix exemplaires comportant les sept dessins tirés sur machin spécial et munis en annexe d'originaux vachement calligraphiés au prix de F 3 000. »

En définitive, le tirage sera de 10 exemplaires de luxe numérotés de 1 à 10, 10 exemplaires hors commerce marqués H. C. et 180 exemplaires numérotés, de 11 à 190. Le nombre des dessins est conforme à l'annonce : cinq dans les ordinaires ; les mêmes cinq augmentés d'une suite de sept (les cinq + deux), tirés sur une sorte d'Auvergne à la forme, dans les luxes. On rêvait que les deux dessins supplémentaires soient extraits du cabinet secret de Christiane Alanore qui se faisait de son sexe des visions terrifiques dont elle nous livre des échantillons dans les cinq dessins mis à la portée de tous ; non, les dessins supplémentaires sont des plus chastes.

Christiane Alanore, est un bon dessinateur que Saint-Germain-des-Prés, où se font alors les renommées, commence à bien connaître. L'année précédente, en 1948, elle illustrait de pointes-sèches Le Cheval troyen *de Raymond Queneau.*

Les Cantilènes, *le 15 avril 1949, sont prêtes. Boris eût aimé que les illustrations fussent tirées avec les textes, et non en hors texte. Rougerie n'a pu là-dessus le satisfaire, le papier de l'édition ordinaire est trop transparent. Conséquence (inattendue ?) des* Cantilènes *: Rougerie invite Boris à Limoges pour jouer, moyennant une honnête rétribution, avec le Hot Club local, faire une émission radiophonique et prononcer une conférence « soit sur le jazz soit sur la littérature américaine, soit sur les deux, soit sur un tout autre sujet à [sa] convenance ». Rougerie imagine aussi qu'on pourrait lire des poèmes des* Cantilènes *avec accompagnement de trompette. Ce qui augmenterait la vente du livre de 15 à 20 exemplaires. Un post-scriptum atteste que la trompette serait un outil bien nécessaire au percement des coffres-forts : « Vos amis, souscripteurs éventuels, sont restés sourds à mon appel. » Le Hot Club de Limoges s'est maintenu dans l'obédience d'Hugues Panassié, que Boris dans* Jazz Hot *et ailleurs assaisonne à toute occasion de ses sarcasmes. « Toutefois, écrit Rougerie, j'espère que comme mes camarades d'ici vous voudrez bien faire fi de ces rivalités. »*

Rougerie suggérait à Boris d'être à Limoges du 6 au 8 mai. Boris ne peut se libérer à ces dates. Et puis il lui faut s'occuper du lancement des Cantilènes *à Paris. Il ne lambine pas.*

Le samedi 14 mai 1949, à la librairie du Club Saint-Germain-des-Prés, tapissée pour la circonstance de vastes compositions de Christiane Alanore, c'est la célébration des Cantilènes. Le Tout-Paris des Caves a reçu une invitation autographiée par Boris Vian et illustrée d'un dessin de Christiane Alanore montrant une dame toute nue qui s'efforce à humer, dans un mouvement hardi de gymnastique, la fleur de son intimité :

« C'est avec l'approbation pleine et entière de monsieur Saint Augustin, du professeur Kinsey et de l'annuaire des téléphones que le pirate qui préside aux destinées de la librairie du Club Saint-Germain-des-Prés, 13, rue Saint-Benoît, vous convie le samedi 14 mai 1949, à 18 heures, à l'absorption par voie buccale de mélanges alcoolisés (qu'il dit). Ceci pour célébrer la parution en librairie d'une réalisation de haute portée sociale et philosophique, les Cantilènes en Gelée, poèmes de B. Vian illustrés par Christiane Alanore, œuvre dont l'idée directrice imite trait pour trait la démarche des maîtres de pensée chrétienne, de Ponce Pilate à Delly.

« N. B. — La bonne femme du dessin n'y arrivera jamais. Pas assez souple. »

Boris avait pensé d'abord se faire approuver par les « maîtres vénérés Paul Claudel, Henry Bordeaux et François Mauriac » et il se proposait d'inviter ses hôtes « à la vidange d'un litron ». Pour définir la continuité de la pensée chrétienne, Max du Veuzit avait, sous sa plume, précédé Delly et il la voyait, cette pensée, se poursuivre jusqu'à « *l'émouvante inscription qui figure sur la cuvette des lavabos des wagons S.N.C.F.* ».

Telle quelle, dans sa version définitive, l'invitation restait on ne peut mieux adaptée à une cérémonie d'hommage à la poésie éternelle. Il serait trop commode d'expliquer l'attitude de Boris Vian, poète par sa seule propension au scandale ou par les exigences de la publicité. Connaît-on beaucoup de nos poètes dits d'avant-garde (Dada est bien mort) qui inviteraient leurs admirateurs à la rigolade devant leurs propres œuvres ? Tout, mais pas ça. Rigolons de tout, mais pas de la poésie. La poésie, c'est sacré. La mienne, surtout. On y entre, confit de dévotion, on s'agenouille et on prie. Il suffit d'écouter nos poètes récitant eux-mêmes leurs œuvres : c'est la grand-messe. Et les anticléricaux, les libres penseurs, les rebelles ne sont pas les moins enclins à cette liturgie. Oui, pour ceux-là, Grillparzer avait raison de dire que « la poésie est la religion de ceux qui n'en ont pas ». Boris Vian détestait la religion, toute religion, foi, pompes et rites. L'appareil prétentieux et soporifère dont les poètes jugent bon de s'entourer lui paraissait le comble de la bouffonnerie, et il n'était pas loin de croire qu'il y avait là l'amorce de nouvelles superstitions, les premières fumées d'un nouvel opium. On comprend que ses poètes préférés eussent été Raymond Queneau et

Jacques Prévert, qui ont su se garder de ces solennelles simagrées.

Le cocktail de Cantilènes fut un événement bien parisien, nous voulons dire très éphémère et sans la moindre portée. Les amis de Boris s'y pressèrent (les quelques-uns qui le savaient un écrivain, la plupart qui le connaissaient à travers Vernon Sullivan, et la foule de ceux qui le tenaient pour un aimable amuseur). On but sec, on prit des photographies : Boris avec le peintre Oscar Dominguez, Boris avec Miles Davis sont deux des clichés qui nous sont parvenus.

Avant la fin, Boris s'était éclipsé. De retour à Limoges, Rougerie, le 16 mai, lui écrit : « Des boissons trop alcoolisées ou bien l'enthousiasme délirant de la foule ont-ils été la cause de votre brusque départ samedi ? » Rougerie revient à la charge pour la séance jazzique et nous apprend que, pour l'instant, il n'a recueilli que quatre souscriptions à 500 francs. Il attend le règlement par Frédéric Chauvelot, patron du Club Saint-Germain, des exemplaires vendus pendant la séance de signature. Mais Chauvelot émet la prétention de déduire du montant des ventes une partie des frais de boisson. Oh ! Poésie ! poésie !

Six mois après la grande festivité, le diffuseur parisien des Editions Rougerie a vendu vingt exemplaires des Cantilènes (dont quinze ont été réglés).

Avec la fin de l'année, la naissance du divin enfant approche. A la perspective des milliers de paires de souliers alignés devant les cheminées, Rougerie commence à croire au Père Noël : pour les fêtes, proclame-t-il, les Cantilènes en Gelée *seront un cadeau idéal !*

A Limoges cependant, calme plat : « les libraires ont trop peur », malgré deux interviews de Rougerie au micro de Radio-Limoges, dont l'une a eu les honneurs d'une retransmission sur la chaîne parisienne avec une présentation de Pierre Dumayet, lequel, affirme Rougerie, s'est montré intéressé par le livre.

A Bordeaux, les Cantilènes *ont trouvé sept acheteurs, mais, grisé par sa réussite, le courtier responsable de cet exploit a levé le pied ! Heureusement, les souscripteurs ont été à peu près tous identifiés. Tous ? Enfin, presque. N'en manque que trois (sur sept !) à l'appel. Boris récompensera ces bonnes gens, victimes de leur passion téméraire, par une belle dédicace.*

Mais l'événement majeur, en cette fin d'année 1949, opportunément tenu secret, sans quoi la France déjà si éprouvée (Roncevaux, le Marquis de Sade, Waterloo) s'en serait percée le flanc d'indignation, c'est l'achat de vingt exemplaires des Cantilènes en Gelée *par le Ministère des Affaires étrangères. Oui, vingt ans après je vous le révèle et je vois votre face qui s'empourpre et que de votre culotte vous tirez le voile de la honte pour vous en recouvrir, je vous en conjure, remettez-vous et le reste ! Si les Affaires étrangères, sous l'effet d'on ne sait quel sortilège, payèrent ces vingt exemplaires des* Cantilènes, *tout aussitôt, et dans un magnifique sursaut de vertu nationale, elles en interdirent l'envoi à l'étranger ! Motif : les* Cantilènes *y provoqueraient scandale. Bien honnête et ne sachant que faire de ces exemplaires payés par la France éternelle, mais interdits à l'exportation, Rougerie écrira à Boris :* « *Avez-vous des amis à qui il vous plairait que le livre fût envoyé ?* »

On a comme l'impression que les Cantilènes *commencent à encombrer Rougerie. Impression fausse. En vérité, Rougerie, qui s'est jeté d'enthousiasme sur les* Cantilènes *et les a imprimées avec amour, Rougerie ne peut comprendre que le public boude un pareil livre. Il s'étonne qu'en six mois toute l'édition ne soit pas épuisée. Impatience qui l'honore, mais fait bon marché de l'habituelle indifférence du public français envers la poésie, surtout non homologuée par les manuels scolaires, et du faible crédit qui s'attache alors au nom de Boris Vian quand il ose se présenter seul, en l'absence de son manager Vernon Sullivan.*

Le surprenant sera que les Cantilènes *rencontreront leurs deux cents lecteurs et que, du vivant même de Boris Vian, le livre deviendra introuvable, sans que jamais on ne le voie chez des soldeurs ou sur les catalogues de livres d'occasion. Et deux cents lecteurs pour un poète, à cinq cents francs le volume qui feraient bien deux mille d'aujourd'hui (anciens d'aujourd'hui) ou à trois mille francs qui feraient bien douze mille, deux cents lecteurs qui conservent jalousement le livre d'un poète, après tout ce n'est pas si mal.*

Chaque poème des Cantilènes *a son dédicataire. La plupart de ces dédicaces sont limpides : tout le monde connaît Jacques Prévert (ici Jacques Prévence parce qu'il fréquentait fort, en ce temps-là, Saint-Paul-de-Vence), Raymond Queneau (ici Raymond le Chien pour* Les Instanfataux *et Raymond le Chêne pour* La Vraie Rigolade, *à cause de* Chêne et Chien, *son roman en vers) ou Simone de Beauvoir, Victor Hugo, Verhaeren, Félix Labisse ou Lucien Coutaud. La mère Pouche est la mère de Boris Vian, ainsi surnommée en toute affection. Les Scorpions sont évidemment Colette et Jean d'Halluin qui dirigeait les Editions du Scorpion où parurent les Vernon Sullivan et, de Boris Vian,* L'Automne à Pékin *et* Les Fourmis. *Jean-Paul Oudin qui partage, par accolode, avec Jean-Paul Sartre le poème* Les Mouches *était un camarade de Boris depuis les joyeux jours de Ville-d'Avray. Sur le nom de Brenot à qui est voué le poème* Le Grand Passage, *un biographe écervelé de Boris Vian a trébuché, voyant incontinent surgir du poème l'auteur de Nadja. Nous devons donc préciser que Brenot n'est pas l'anagramme de Breton (André). Un peu moins connu, certes, que Léonard de Vinci, Brenot est un peintre, affichiste et dessinateur de mode d'une certaine réputation ; c'était un vieil ami de Michelle et Boris Vian — dont il a peint ou dessiné plusieurs portraits.*

Aussi bien pour Barnum's Digest *que pour les* Cantilènes en Gelée, *quand nous avons pu découvrir les dates de composition des poèmes, nous les avons indiquées après chaque texte. De même, pour les vingt poèmes inédits qui suivent les deux recueils dont nous venons de parler. Ceux des poèmes inédits qui remontent au temps de* Barnum's Digest *et des* Cantilènes *et auraient pu, comme on en jugera, y figurer, ne nécessitent aucune explication distincte. En revanche, certains des poèmes postérieurs, d'une tout autre inspiration et d'inspiration fort variée, nous ont paru mériter quelques lignes d'introduction sur les événements incitateurs ou sur le sujet traité : ces courtes notes sont placées en tête des poèmes.*

Noël ARNAUD.

BARNUM'S DIGEST

A Martine Barnum Carol

A NAGEOIRES

La Sirène est une bête, blonde en général
Qui se choisit un coin dans une mer fréquentée
Et s'étend sur un gros caillou
En guettant les hardis navigateurs
Pour des motifs extra-nautiques.

La Sirène gueule comme un putois
Tout d'abord, pour attirer les hommes
Mais en réalité, afin d'également prouver
Qu'elle n'est pas un vrai poisson.

Malgré ce complexe d'infériorité
Elle n'hésite jamais à faire des avances aux gros
                                     [capitaines poilus
Mais la Sirène n'a pas de veine
Car depuis Monsieur Dufrenne
On sait que les marins ont (parfois) de mauvaises
                                              [mœurs.

A DOUBLE ENTREE

Il y a de multiples distractions de société
On peut se tenir par la main, les regards croisés,
Et se tirer la barbichette le moment venu
On peut les faire asseoir sur ses genoux, les yeux
[bandés
Et elles vous reconnaissent à votre pipe dans votre
[poche.
On pourrait faire une liste très longue
Depuis touche-pipi jusqu'au jeu des sardines
En passant par la langue étrangère et le jeu
De chacun son trou, trou commun, trou du voisin
Ce serait fastidieux et pas nouveau.
C'est bien plus spirituel de prendre des pinceaux
Et de passer au goudron un immense tapis persan
Puis de couper un homme en tout petits morceaux,
De couper une femme en tout petits morceaux
Et de faire un hermaphrodite
Avec les tout petits morceaux judicieusement
[assemblés.
Le goudron, c'était pour ne pas abîmer le tapis
Qui serait mouillé par le sang.

A COLLIER

Avoir un enfant avec un chien
Suppose des dons d'observation peu communs
Et la connaissance approfondie du facteur Rh.

Par un entraînement intensif
La chasse au lapin, le jeu de je-ne-peux-pas-te-sentir
Et la course à l'os
On peut réussir à se placer
Au niveau intellectuel nécessaire à une saine et
                              [mutuelle compréhension.

Dans les pays où les femmes manquent
(ou sont bouchées, ce qui revient au même)
Un bon chien vaut mieux que de se masturber.

A GRIFFES

Elle disait aux voyageurs
« Comment me trouvez-vous ? »
Elle avait des grands yeux très doux
Et l'air pélagiquement songeur.

Mais quand elle prenait ses gants
Pour vous entretenir
Il valait mieux se souvenir
D'un rendez-vous zurgent.

Un (beau) jour, il vint un grand gars
Il s'appelait Œdipe
Il s'appuyait sur son pen-bas
En tirant sur sa (courte) pipe.

« Comment me trouvez-vous ? » dit-elle
Il réfléchit, et puis il ralluma sa pipe qui partait
Mal et qui jutait, et il lui dit : « Je vous trouve un
[os. »
Le pire, c'est que c'était vrai.

A LA COLLE

Quand je suis né, avec mon frère siamois
Mon père siamois m'a dit, sans se retourner
En regardant ailleurs
« Tout ça ne serait pas arrivé
Si ta mère siamoise
N'avait pas été abonnée au *Chasseur français*
Et au catalogue général de la Manufacture
d'Armes et Cycles de Saint-Etienne
(Loire)
Car
Les images de fusils à deux coups
A canons accolés, doublés, superposés
Entrelardés, télescopés, soudés à mortaise et
jumelés — ou même couplés d'une autre façon...
qui remplissent toutes les pages blanches
(Celles du début d'où surgit soudain la gravure
double des cartouches en couleurs, avec coupe ouverte sur les chevrotines bleues)
Car les images, donc, dit mon père siamois
Du catalogue général de la susdite manufacture

Lui ont déformé sa nature
Et le résultat
C'est toi, mons fils siamois. »

Il le prononçait au pluriel
Alors je me mis à pleurer.

A QUEUE ALTERNATIVE

Dans certaines baraques de foire
Remplies d'alguazils péruviens
Avec des grands coutelas et plein d'os de mort dans
[les oreilles
On rencontre, à côté des barbanzons velus
Des cournaflûches redondisseurs et des tortillâtres
[de Malte

De grosses personnes aux œils canins
Qui simulent une folie larvée
Et se recouvrent d'oripeaux
Décorés à la main par un frère convers
(Spécialisé depuis son enfance
Dans le problème de la couleur).

Naturellement, pour ses dix francs
On a droit aussi à la poussière graveleuse
A des odeurs d'ail et de raclure de pieds
A la rampe de bois cirée à la main
Et à la pancarte cornée
« Mes parents s'aimèrent en levrette. »

A PRIVATIF

Les jambes, tous les prophesseurs de fysique le
                                        [savent bien
C'est la première chose qu'on écarte
Quant aux bras, des femmes très distinguées
S'en passent (depuis fort longtemps)
Et, ma foi, elles ont raison.

D'un point de vue économique et social
Ça élimine les bracelets, les bagues
Les tatouages sur le biceps
Les bas nylon et les robes nioulouque.

Et l'on devrait rendre obligatoire
Par arrêté municipal
L'usage de la femme-tronc pour les pauvres.

A POIL

La Femme hagarde
A barbe, arabe
Etablit sa domination
Sur la tribu des Roustes, nomades pillards
Du nord-est de la Chalcédoine.

Quelquefois elle prend sa barbe
Entre ses dents
Et souffle des fredons susurrants
A travers les fils extendus
De son ornement éolien.

Son sourire s'amenuise entre les rives végétales
Aux bords desquelles on n'ose aller se perdre
Car chaque fois, baissant sa jupe
Elle te dit : « Vous vous trompez... »

A LARD

Je n'ai jamais rencontré une femme
Qui m'ait fait regretter d'être un homme
Je les prie de ne pas prendre ça pour un compliment.

19 juin 1947

A CORNES

Carmen la pute, cigarière (encore un euphémisme)
Fut synonyme de l'amour vache
Et sous l'influence du soleil d'Espagne
De l'excitation des piments poivrés
De Valladolid et d'Escarceros
Des courses de cornus cernées de barreras
On ne pouvait la voir sans désirer
La banderiller dans l'instant même.

Des envies qu'elle eut (singulières)
Il ne nous est pas accordé
De posséder le catalogue
Mais sa descendance nombreuse
(Aucune confusion possible avec celle de Pasiphaé,
rapport au châle à franges en soie rouge de Manille)
Témoigne qu'en Escamillo
Elle vit un moyen commode
De se rapprocher du toro.

CANTILENES EN GELEE

CHATTERIE

Aux Scorpions

Quand j'avais douze ans, on descendait
Tous en bande vers la Pointe-à-Pitre
On cueillait des sapotes et des mombins
Sur le bord de la route jaune
Et les oiseaux jouaient à chat perché
En criant des vieux airs créoles
La vie était en forme de dragée
Il n'y avait rien que de très doux
Et, tout de même, plein de substance...

Ma nourrice me prenait dans ses bras
A douze ans j'étais aussi grand qu'elle
Mais j'aimais encore tenir dans ma bouche
La pointe ronde et noire de ses beaux seins lourds
Nous nous étendions derrière les cannes
Le vent bruissait parmi leurs feuilles longues
Aiguës et poudrées de soie rêche

Ma nourrice était toujours nue
Et moi, toujours déshabillé
Aussi, nous nous entendions bien
Elle avait une odeur sauvage
Et des dents blanches plein la figure
La terre sentait l'orbenipellule
Et les fleurs de Kongo brûlant
Nous recouvraient de leur pollen orangé.

Pendant trois saisons, j'ai eu douze ans
Parce que j'aimais tant ma nourrice
Je ne pouvais pas la quitter
Ma peau prenait des reflets bruns
Brûlée au soleil de la sienne
Je la touchais avec toutes mes mains ensemble
Les mains de mes yeux, celles de mon corps
Et nos membres fumaient dans l'air veiné de noir.

Je ne sais pas comment deux allumettes
Peuvent s'emmêler, mais je sais
Que nous étions bien droits l'un contre l'autre
Comme deux allumettes ; et au bout d'un instant
Un chat n'y aurait pas retrouvé ses petits...

D'ailleurs
Il savait bien que ses petits n'étaient pas là.

QU'Y A-T-IL ?

A Jacques Pré-vence

Premièrement :
Il y a beaucoup de mérite à épouser une femme plus
                                 [jeune que soi
Il y a beaucoup de mérite à épouser une femme
Il y a beaucoup de mérite à épouser
Il y a beaucoup de mérite
Sans compter les emmerdements.

Deuxièmement :
Il y a beaucoup de mérite à épouser une femme plus
                                 [vieille que soi
Il y a beaucoup de mérite à épouser une femme
Il y a beaucoup de mérite
A épouser
Il y a beaucoup de mérite
Sans compter qu'il y a des emmerdements.

Troisièmement :
Il y a beaucoup d'emmerdements
Sans compter le mérite d'épouser une femme.

LA VIE EN ROUGE

A Edith

Les mères vous font en saignant
Et vous tiennent toute la vie
Par un ruban de chair à vif
On est élevé dans des cages
On vit mâchant des morceaux
De seins arrachés en saignant
Qu'on accroche au bord des berceaux
On a du sang sur tout le corps
Et comme on n'aime pas le voir
On fait couler celui des autres
Un jour, il n'y en aura plus
On sera libres.

CHANSON

A Emile Verhaeren

Avec deux couplets

1

Les villes tentaculai-ai-reu
Les villes tenthaculai-reu
Les villes tantan
Les villes tata
Les villes cucu
Les villes tantakulè-è-reu
Les villes thantackulair.

2

Les vils tathankulai-ai-reu
Les vils thatanculai-reu

Les vils tata
Les vils tantan
Les vils cucu
Les vils tattanculè-è-reu
Les vils ttatanckulairs.

LES ARAIGNEES

A Odette Bost

Dans les maisons où les enfants meurent
Il entre de très vieilles personnes
Elles s'asseyent dans l'antichambre
Leur canne entre leurs genoux noirs
Elle écoutent, hochent la tête.

Toutes les fois que l'enfant tousse
Leurs mains s'agrippent à leurs cœurs
Et font des grandes araignées jaunes
Et la toux se déchire au coin des meubles
En s'élevant, molle comme un papillon pâle
Et se heurte au plafond pesant.

Elles ont de vagues sourires
Et la toux de l'enfant s'arrête
Et les grandes araignées jaunes
Se reposent, en tremblant

Sur les poignées de buis poli
Des cannes, entre les genoux durs.

Et puis, lorsque l'enfant est mort
Elles se lèvent, et vont ailleurs...

LE GRAND PASSAGE

A Brenot

Le seuil de l'immortalité
Est assez haut, en pierre, avec des plantes
On ne s'apercevait pas du tout qu'on le passait
Mais de l'autre côté
Des tripotées
D'oiseaux sans ailes ni sans eaux
Poussaient des cris d'échiran...

11 avril 1946

LES INSTANFATAUX

A Raymond le Chien

Ah oui ça c'est bien vrai
Que c'était pas comme ça
De mon temps de ton temps
On respectait les vieux
On marchait sul trottoir
On la tournait sa langue
Dissette fois dans sa bouche
Avant d'oser causer
Et les gauloiz coûtaient
Dix centimes-deux sous
Mais ils ont tout changé
On n'a plus de respect
Pour les vieux pour les vieux
On fait l'amour avec
Des sinjenpantalons

On roul dans des voitures
Qui marche-t-au pétrole
Et puis sourtout et puis
Ah merde merde merde
On est vieux, on est vieux...

LA VRAIE RIGOLADE

A Raymond le Chêne

Dans l'métro, ça y sent mauvais
Et on n'a l'y droit d'y rien faire :
« Défense de cracher du sang. »
« Défense de fumer des harengs. »
« Les places tamponnées sette et uitte
Sont réservotées aux squelettes
Et aux lépreux et aux jésuites
Par ordre de prioritette. »
On sort, et là, i faut qu'on jette
Les cadavres dans la corbeille
Et au Luxembourg c'est pareille
« On n'a pas l'droit d'brouter l'oseille »
« I faut tnir les cercueils en laisse »
« Faut pas marcher sur le curé »
Et pour se reposir la faisse
Faut qula chaisière se soye tirée
Viens au bistro c'est bien plus chouette

On peut apporter sa cuvette
On peut cracher tout l'sang qu'on veut
Laisser les cercueilles se marrer
Danser le souingue sur le curé
Et fumer des têtes coupées
Céti pas mieux ? Céti pas mieux ?

LES ISLES

A Lucien Coutaud

Il y a des isles dans la mer Noire
Elles sont en pierre froide et pâle
On y est toujours tout seul
Et on entre dans des châteaux
Pleins de chambres dans des murs
Et on trouve des femmes molles
Des grosses femmes blanches douces
Etalées sur des lits ouverts
Il monte un fumet de leurs poils
En minces volutes frisées
Bleu dans l'air incolore des chambres
Il ne faut pas s'arrêter
Car elles sont là, elles attendent
Elles peuvent faire n'importe quoi
Elles prennent toutes les formes

Elles coulent comme de l'eau.

Il ne faut pas aller dans les isles de la mer Noire
Il vaut mieux acheter du jambon.

9 février 1948

DES GOUTS ET DES COULEURS

A Félix Labisse

Il y a des sexes courts
Et d'autres pendent aux genoux
Rayés de jaune et de violet
Comme l'ombre du soleil à travers la grille
Et les femmes, certaines sentent
Le bouillon de lapin sauvage
C'est bon, avec du pain grillé.

11 avril 1946

PRECISIONS SUR LA VIE

A mes zenfants

La vie, ça tient de diverses choses
En un sens, ça ne se discute pas
Mais on peut toujours changer de sens
Parce que rien n'est intéressant comme une
                              [discussion.
La vie, c'est beau et c'est grand.
Ça comporte des phases alternées
Avec une régularité qui tient du prodige
Puisqu'une phase en suit toujours une autre
La vie, c'est plein d'intérêt
Ça va, ça vient... comme les zèbres.

Il peut se faire que l'on meure
— Même, ça peut être bien se faire,
Mais pourtant, ça n'y change rien :
La vie tient de diverses choses
Et par certains côtés, en outre,

Se rattache à d'autres phénomènes
Encore mal étudiés, mal connus,
Sur lesquels nous ne reviendrons pas.

9 février 1948

LES MERS DE CHINE

A Simone de Beauvoir

Ces filles que l'on voit pour la première fois
Ce n'est rien — on les croise —
Elles ont des yeux si durs
Et des corps si durs et tannés par le soleil
On a envie de les faire pleurer.

Elles sont fermées sur elles-mêmes.
Sur rien.
Elles sont si bien fermées qu'on s'imagine
On voudrait qu'elles pleurent longtemps
On espère toujours qu'il viendrait le sang
Au bout des larmes.
Elles rient, et rejettent leurs cheveux durs
Raides — ou frisés et dressés en coques dures
Mais on attendrait bien longtemps
Il n'y a que les larmes
Incolores — tièdes — inutiles —

Elles sont comme ces boutons sur la peau
Roses, gonflés, riches de quelque chose
On les presse — et ce n'est qu'humeur
Fade — blanche — inutile.

Il faudrait les déchirer.
Les fouiller profondément avec des lames de rasoir
Découper leur bouche en lanières.
Il y aurait une langue de lèvre sur chaque dent
Il faudrait les perfectionner
Leur fendre un second sexe en travers
Si bien que l'homme sur la femme
Cela ferait comme une croix
Et on pourrait marcher dessus sans crainte
Il faudrait les creuser, les vider
De cette méchanceté de vie qu'elle portent,
Se rendre compte qu'il n'y a rien.
Pourtant, on voudrait qu'elles pleurent.
On espère toujours voir pleurer le néant.

Les déchirer avec des lames de rasoir
Ou de longs rasoirs droits tenus par des ficelles
On irait les déchirer avec les rasoirs
Comme on va passer le bachot
Avec un encrier au bout d'une ficelle.
Lorsque l'on fait tourner la ficelle
Autour de sa tête, le rasoir tourne à son tour
Sur lui-même, avec un rauque ronflement

Les blessures sont belles : de petits creux nets
Pareils à des morsures dans des prunes.

Naturellement, elles en meurent — pour se
                                  [venger —
Et elles restent elles-mêmes, dures et froides
On ne peut plus les faire pleurer
On doit les écraser, avec des masses de fonte,
Mélanger le sang et les os
Puis en couper des petits cubes
Et les vendre
Dans un papier jaune et chocolat.

On peut même envelopper cinq cubes à la fois
Dans un autre papier — genre sulfurisé artificiel
Car on doit, toujours et partout
Respecter le système décimal
Créé par l'homme à son image.

13 juin 1947

PREMIER AMOUR

*A Jean Boullet
pour lui changer les idées*

Quand un homme aime une femme
D'abord, il la prend sur ses genoux
Il a soin de relever la robe
Pour ne pas abîmer son pantalon
Car une étoffe sur une étoffe
Ça use l'étoffe
Ensuite, il vérifie avec sa langue
Si on lui a bien enlevé les amygdales
Sinon, en effet ce serait contagieux
Et puis, comme il faut occuper ses mains
Il cherche, aussi loin qu'il peut chercher
Il a vite fait de constater
La présence effective et réelle de la queue
D'une souris blanche tachée de sang
Et il tire, tendrement, sur la petite ficelle
Pour avaler le tampax.

10 mai 1947

LA LICORNE

A toi

C'était au mois de mai, il faisait clair
J'avais le cœur d'un joli vert amande
Auprès des arbres, avec des branches en anneau
Nous nous sommes serrés dans les bras l'un de
[l'autre.

Il faut dire, à ma décharge
— Mais ne nous égarons pas —
Que tout cela se passait sur l'herbe.
On peut compter le nombre des petites bêtes
Que j'ai tuées parce qu'elles montaient trop haut
Le long de tes jambes
Il a fallu les achever, une par une
Comme font les Anglais chez les Boers
A grands coups de lance. Les salauds !

Il y a une certaine ivresse
(Une ivresse certaine, entendons-nous)
A s'aimer en plein champ sous l'œil d'une licorne
Ça donne des idées de grandeur
C'est propre, et puis c'est pas méchant.

Les fermiers venaient aussi nous regarder.

Comme j'avais du temps de reste
— Tu ne peux plus te souvenir, car je dormais —
Je suis parti plus loin. Près d'une haie
Une fille blonde aux seins roux
M'a pendu par le cou au crochet d'un boucher.
Il faut dire, à sa décharge
— Mais ne nous égarons pas —
Que je la gênais, car la folle
Avait envie de toi, tout comme moi
Et tu sais que je suis honnête
Aussi, dis-moi, qu'avez-vous fait ?

Lorsque nous sommes revenus, le lendemain
Il n'y avait plus de licorne.

Mais une vache, avec une corne-z-au-pluriel,
C'est quand même un prétexte très valable
Surtout quand on... comme un Turc

Il faut dire, à leur décharge
Que les Turcs ont une solide réputation.

Mais maintenant, le mois de mai est fini
Alors on ne bouge plus jusqu'à l'année prochaine.

LES MOUCHES

A Jean-Paul { Oudin
Sartre

Des hommes se promènent dans la rue.

Certains ont l'œil éteint comme une chaussette sale
Une morve récurrente leur obstrue les cornets du
[nez.

D'autres, brillants, le regard vif
Tournent leur canne en s'en allant.

Tous sont des enculeurs de mouches
Mais il y a deux façons d'enculer les mouches :

Avec ou sans leur consentement.

24 avril 1947

... LES MAINS PLEINES

Aux innocents

Si on vous demandait, à brûle-chemise
L'innocence est-elle une vertu ?
Moi, je ne répondrais pas
Je chercherais un faux-fuyant
Je dirais : « Avez-vous lu Cézanne ? »

Certaines personnes oublient de mentir
Et affirment : « Je ne sais pas ! »
On ne peut pas toutes les forcer.

Naturellement, l'innocence n'est pas une vertu
Parce que, depuis le temps, on s'en douterait
Ma tante avait plein de vertus
Elle les a toujours. Et elle est vieille.

Les Grecs aussi avaient des vertus
Et les Grecs n'étaient pas innocents
Puisqu'ils ont guillotiné Socrate.

C'est difficile de juger, évidemment, on n'y était pas
Mais le plus sûr, en pareille circonstance
C'est de s'abstenir de répondre
Et de chercher un faux-fuyant...

Si on n'en trouve pas, on peut toujous se suicider.

9 février 1948

MA SŒUR

A la mère Pouche

J'avais demandé, pour mes quatorze ans
  Une sœur de mon âge
Elle est arrivée dans un panier blanc
  Une rose au corsage
J'ai défait le nœud du ruban de soie
  Qui la tenait captive
Et j'ai donné dix sous au commissionnaire.
Elle avait des yeux comme des balais
Une bouche en forme de rémoulade
Un œil de fémur, un port de jument
Elle était ravissante.
J'aime beaucoup les jolies filles
Je les prends dans mes bras
Je les renifle, je les touche
Je les serre et je m'en sers

J'étais content d'avoir une sœur.

Mais je regrettais mes dix sous.

9 février 1948

LE FOND DE MON CŒUR

A moi

Je vais être sincère — une fois n'est pas coutume

Voilà :
Je serai content quand on dira
Au téléphone — s'il y en a-t-encore
Quand on dira
V comme Vian...

J'ai de la veine que mon nom ne commence pas
[par un Q
Parce que Q comme Vian, ça me vexerait.

ART POETIQUE

A Victorugo

Il est évident que le poète écrit
Sous le coup de l'inspiration
Mais il y a des gens à qui les coups ne font rien.

LES FRERES

Dans un chemin banal
Du côté de la Somme
Il y avait quatre hommes
Et pas de caporal

Le premier s'appelait Jules.

Il posait des gouttières et réparait les vitres
Et dans sa vie privée, il était somnambule
Tous les lundis matin, il avait mal au crâne
Y a qu'à la fin d'la s'maine que l'on se porte bien
Ses cheveux étaient frisés
Nez droit, yeux bleus
Bouche ordinaire, menton rond
Taille : un mètre soixante-deux
Signes particuliers : néant.
Un jour, il fit la connaissance
D'une fille très remarquable
Elle n'était pas comme les autres.
Vu qu'il penchait pour la décence

Et qu'elle voulait rester convenable
Ils firent de leur côté ce que l'on fait du nôtre
Ils eurent de ce fait deux enfants sans effort.

Le second s'appelait Victor.

Il vendait des cravates et des pierres à briquet
Et dans sa vie privée il souffrait de ses cors
Tous les lundis matin il buvait beaucoup d'eau
Y a qu'à la fin d'la s'maine que l'on se porte bien.
Son nez ? un rien busqué
Zyeux noirs, cheveux noirs
Bouche ordinaire, menton rond
Taille : un mètre cinquante-huit
Signes particuliers : néant.
Un jour qu'il allait au travail
Une fille au regard troublant
Vint à passer sur son chemin
Cela fit sortir de ses rails
Le wagon de ses sentiments.
Ils se collèrent le lendemain
Tous les samedis soir, ils jouaient au billard.

L'troisième s'appelait Léon.

Il était chien dentiste et vivait de chicots
Et, dans sa vie privée, il avait des visions
Tous les lundis matin, sa bouche était toute sèche

Y a qu'à la fin d'la s'maine que l'on se porte bien.
Ses yeux avaient des reflets verts
Cheveux châtain, nez en trompette
Bouche ordinaire, menton rond
Taille : un mètre soixante-sept
Signes particuliers : néant.
Un beau jour, il eut l'avantage
De s'aventurer par hasard
Dans la chambre de sa servante
Qui vivait au sixième étage
Il y retourna tous les soirs
Elle devint si fainéante
Qu'il lui offrit son lit et lui paya une bonne.

L'dernier s'nommait Michel.

L'dernier s'nommait Michel, il était cuisinier
Et, dans sa vie privée, il avait la gravelle
Tous les lundis matin, sa mâchoire lui faisait mal
Y a qu'à la fin d'la s'maine que l'on se porte bien.
Ses cheveux étaient roux foncé
Nez moyen, œils bruns
Bouche ordinaire, menton rond
Taille : un mètre quatre-vingts
Signes particuliers : néant.
Un jour, il lui tomba la chance
De nouer quelques relations

Avec la jolie Marinette
Qui exerçait — avec conscience —
De modiste — la profession.
Pour elle, il conçut la recette
De l'organdi en croûte à la sauce aux dentelles.

Comme ils étaient copains, ils s'habillaient pareil
Un pantalon crasseux, d'ignobles godillots
Une lourde capote en tissu pour chevaux
Un fusil tout graisseux, des bandes molletières.
Un casque ridicule, une gourde pour boire.
Comme ils étaient copains, ils ne se quittaient pas :
Ils mettaient tout ensemble et se partageaient tout :
Nez busqué, nez moyen, nez droit, nez en trompette
Bouche ordinaire, menton rond
Même, depuis un bout de temps
Comme ils étaient copains, ils s'habillaient pareil :
On n'faisait pas d'jaloux : y avait pour chacun d'eux
Un bon mètre de terre avec une petite croix.

Signe particulier : néant.

6 février 1949

POEMES INEDITS

Monsieur de Bergerac
Un nom sur un mur
Et les douze trous des projectiles
Et chacun d'eux cerné de sang
Tous, sauf le douzième
Celui du petit blond pâlot
Qui n'avait ja-ja-jamais su tirer
Un coup.

11 avril 1946

SOUS LE BANIAN

Ouvrir au jour sa fenêtre
Et pisser sur les passants [1]
Ça c'est amusant.

S'en aller à la campagne
Se chatouiller, à plat dos
Loin du gars Bidault.

Entreprendre un safari
Et chasser le gonocoque
Du haut Orénoque.

Nager dans l'eau savonneuse
Et souffler avec son culle
Pour y faire des bulles.

Annuler une tantouze
En lui coulant un bouchon
Avec du béton.

1. Ou sur Jean Paulhan, ou sur Marcel Arland.

Relever des robes bleues
Et glisser une main mâle
Au milieu des poiles.

Pétrir les seins d'une fille
Sous un chandail opéra
De laine angora.

Monter sur la guillotine
Pour y poser un étron
Gras, fumant et rond.

Dans un chemin de traverse
Manger des fraises des bois
Juste moi et toi.

Et pour servir la patrie
Te baiser toute la vie
C'est ça la vie.

Juin 1946

DELIGNY

Il faut bien se le dire, avec tristesse
Les femmes jolies nues ne coïncident jamais
Avec les jolies habillées
Il y a naturellement des exceptions
Ma femme, pour commencer. La vôtre aussi
Si vous avez écrit ces lignes
Mais je ne le crois pas, vous mentez comme je
[respire.

LA VASELINE

La vaseline et les préservatifs
Devraient être interdits par voie d'affiche
Car ces deux institutions
Faussent de con-t-en fomble
Les rapports sentimentaux des êtres sentimentaux

19 avril 1947

AU DEBUT, LA BEAUTE

Au début, la beauté, pour les messieurs
C'était des poils, de toutes les sortes
Au nez, au cul, sur le thorax
Ou même en forme de barbe
On portait aussi le ventre
Et les épaules trop larges payaient la taxe
Seulement, on a protesté
(Personne ne sait plus qui, car il l'a regretté après).

Alors un homme nouveau
(Et pas un self-made man, vu qu'il serait un con)
S'est donné la peine de naître
Il s'entraîna depuis son plus jeune âge
Il devint beau comme Jean Marais
Grâce à la quintovence de l'abbé de Frileuse
Il pratiquait tous les sports de salon
Depuis la pédérastie combinée jusqu'au pistolet
                                                         [Eureka

Mais on l'accusa de ne pas être un homme
Aussi, pour prouver le contraire, il a eu un enfant
[avec un chien
Ah ! Ah ! Vous êtes bien embêtés.

24 avril 1947

IL EST TEMPS

Il est temps qu'un texte de loi
Prive les éditeurs de leurs droits
Puisqu'on fourre en prison les souteneurs ordinaires
Et encore... eux... leurs putains les aiment.

ON A MIS DES AFFICHES

On a mis des affiches pour qu'ils aient peur
Elles collent au mur comme des sangsues
Ils passent près d'elles, en s'écartant
Car elles peuvent remuer malgré tout
Des deux côtés des couloirs, elles guettent
Et il y a le panneau tous les vingt pas :
« Défense de cracher du sang. »
Mais qui pourrait cracher du sang ?...

CHANSON GALANTE

Je voudrais te renverser
Où tu sais
Un pot de Khonfiture
De groseilles de saison
Ma Lison
Bien rouges et bien mûres.

A coups de langue mutins
Le matin
Je prélèverai ma dose
Et tu prendras en retour
Mon amour
Ta ration de gyraldose.

BONJOUR, CHIEN

J'avise un chien dans la rue
Je lui dis : comment vas-tu, chien ?
Croyez-vous qu'il me répondrait ?
Non ? Eh bien il me répond quand même
Et ça ne vous regarde pas
Alors quand on voit des gens
Qui passent sans même remarquer les chiens
On a honte pour leurs parents
Et pour les parents de leurs parents
Parce qu'une si mauvaise éducation
Ça demande au moins... et je ne suis pas généreux
Trois générations, avec une syphilis héréditaire
Mais j'ajoute pour ne vexer personne
Que bon nombre de chiens ne parlent pas souvent.

9 février 1948

A FORCE DE LES VOIR

A force de les voir
Il y a des mots qui vous rendraient malades
Des mots connus mais très dangereux à manier
Sauf si on les entoure de musique
On met bien du sucre autour des amandes amères
Des mots comme sable, herbe
Comme soleil, comme étendus côte à côte
Comme peau dorée, comme cheveux blonds
Comme dents brillantes et lèvres salées
Et puis d'autres mots, encore plus dangereux
« Personne à l'horizon, on peut y aller »
Et les plus dangereux de tous :
« C'est encore meilleur la cinquième fois. »
Heureusement, des tripotées de vieux zingues
Fabriquent de la phénoménologie à tire-larigot
Et vous balancent des bombes atomiques par le
　　　　　　　　　　　[travers de la gueule...
Je m'excuse... le souffle de l'inspiration...
C'est pas tous les jours que la muse vous visite.

DE L'AMOUR LENTE...

Armand Salacrou, de l'Académie Goncourt, auteur dramatique à succès, connut aussi la célébrité, et une confortable aisance, sous divers pseudonymes : la Marie-Rose (« mort parfumée des poux »), le Thé des Familles et autres produits parapharmaceutiques que fabriquaient ses laboratoires, heureux héritage familial. Boris Vian pleure ici le triste sort de la petite Française Marie-Rose, si vaillante contre les poux et les lentes, et que le DDT a assassinée.

De l'amour lente naît l'époux
J'ai toute ma tête au bout de ton cou.

Le ciel fait de l'ombre au fond de l'eau
Ce n'est pas très vrai mais c'est très très beau.

Dehors, l'époux de la Marie rôde
Et la Marie-Rose a tué l'époux
Qui est fabriquée par A. Salacrou.
J'ai toute ma toute au fond de ton fond
Pourtant Salacrou rime avec trou.

Comme on met sur la branche un peu de Marie-Rose
Car c'est le mois de met, de mai, de Marie
Marie m'arrimait mais Marie m'a ri
Ohnet. J'ai donc largué l'amarre.

Mais les Amerlauds ont du DDT
Et Salacrou doit être embêté
Fini l'amour lente et fini l'époux
Il n'y a plus d'amour.

MONSIEUR VICTOR

*Paroles et musique de Jean Valjean
une chanson à cinq cents balles
(sans les artistes)*

On y a fait des funérailles nationales
Ce salaud-là
Un p'tit cortège qu'avait vraiment rien d'sale
Ce salaud-là
Y avait Juliette
Qui chialait comme un veau
La salope
Et y avait le président
Un sourire au coin d'la gueule
Et Totor qu'allait tout seul dans le noir
Assis dans son corbillard
Et tout l'monde se marrait
Fini le bobinard.

Monsieur Victor
Vous ne banderez plus
La mort vous tient du crâne jusqu'au cul.

RUE TRAVERSIERE

Dans la rue Traversière
Il y poussait des roses
Et tout un tas d'aut'choses
Que personne ne voyait.

Dans la rue Traversière
Y avait un vieux bébé
Qui pleurait à la f'nêtre
Pac' qu'il allait tomber.

Dans la rue Traversière
Y avait un' grand-maman
Qui montrait son derrière
Pour deux cent trente-cinq francs.

Dans la rue Traversière
Silencieux près d'une borne
Y avait un mirlitaire
Les pieds dans son bicorne.

Dans la rue Traversière
Y avait un inventeur
Qui f'sait des montgolfières
En noir et en couleurs.

Dans la rue Traversière
Y avait une guillotine
Qui coupait des cigares
Pour le papa d'Aline.

Dans la rue Traversière
Y avait des amoureux
Sous les portes cochères
Qui se comptaient les yeux.

Dans la rue Traversière
Y avait des lions féroces
Habillés en cosaques
Pour aller à la noce.

Dans la rue Traversière
On n'y passait jamais
C'était pas une vraie rue
Et tout l'monde était mort...

Septembre 1952

LETTRE EN VERS ADRESSEE A RAYMOND QUENEAU, SATRAPE, ALORS A SIENNE, EN TOSCANE

Le titre donné à cette épître rimée par son premier éditeur, le Collège de 'Pataphysique (*Dossier 12,* 9 gidouille 87 = 23 juin 1960), indique assez les circonstances où elle fut, en septembre 1952, écrite.

La préface dont parle Boris Vian dans la seconde strophe du poème est la préface, maintenant célèbre, de Raymond Queneau à *L'Arrache-Cœur* qui devait paraître en janvier 1953.

Sur les activités de Raymond Queneau à Sienne, on peut lire son sonnet *En avril ne te découvre que d'un soleil* (*Sonnets*, Editions Hautefeuille, 1958) :

> Il fait beau sous les toits derrière la persienne
> Le soleil en fusion en sort tout laminé
> Il en était ainsi quand je siestais à Sienne
> Ville d'Italie où l'on a très chaud l'été

Ne croua pas, rémon, que je vœil
de ton repos trancher le fil
j'aimerais mieux m'arraché l'œil
me plumer l'arbre fœil à fœil
me l'accommoder au cerfœil
que de nourrir des seins si vil

les kelques mots formant préface
évokés par mon écrivoir
et qu'il me plet tant que tu face
puiske ta plume est lace lace
s'ils atendaient que tu rentraces
le mal ne serait pas bien nouar

comme iceux voyageux illustres
jadis profitèrent de Sienne
dors en cette cité lacustre
solace t'y sur les balustres
et si des vian te tarabustre
dis-y vatendonvoirsilvienne

il est bon que tu te reposes
car tu as bien galimardé
va déguster des glaces roses
récure bien ta glande à prose
prépare la pour otre chose
et te laisse pas emmardé

je te dis pas mon cher fratère
de butiner comme une avette
car les jolis hyménoptères
pour litali jamais n'optères
et ces réduits zélicoptères
sont réservés zomonthymette

mais je te souette cependant
de recueillir sur les chemins
que tu t'en iras regardant
(le nerf scripteur pas trop bandant)
de recueillir à grande dant
le suc de ton bouqu(e) de demin

baurice

Septembre 1952

ILE DESERTE

Les enfants de maintenant
Quand ils ont cainze à vaint ans
Ils sont tristes et silencieux
Ils ont peur des vieux vicieux
Ils s'ennuient dans les cafés
Et rien ne leur fait d'effet
Et quand on leur parle bas
D'abord ils ont encore peur
Et puis peu à peu ils s'ouvrent
Et ils osent vous répondre
Et les garçons ils vous disent
Il n'y a pas de travail
On ne peut pas accepter
De travailler que pour manger
Et puis il y aura la guerre
Et on a mal de devoir attendre
Les arbres sont verts avec des yeux tendres
Le soleil est là, et dans cinquante ans
On aura la peau si épaisse
Qu'il ne la traversera plus

Et à quoi bon, à quoi bon
On sera vieux ou bien perclus
Et on n'en profitera plus
Et les filles
Elles n'aiment pas les hommes
Un homme ça peut blesser
Ça peut acheter, salir, ça peut faire un enfant
Il faut travailler, on est si jolies
On va s'abîmer
Les filles laides n'ont pas de problème
Ou tout au moins le problème est résolu
D'autres pensent : les gens qui passent
Ils attendent leur autobus
Comment voulez-vous vivre avec
Des gens qui s'intéressent à l'autobus
Ça ne tient pas debout
Alors, les frères ? On s'en va
Vivre sur une île déserte ?
Il n'y a pas d'île déserte
Mais on peut toujours y croire
Sans engagement de votre part
On va s'en fabriquer une
Ça, alors, ça simplifie tout
Mais l'île déserte prend l'eau
Car depuis qu'on en fait plus
Comme pour les très vieux violons
Le secret s'en est perdu.

CANTATE DES BOITES

La cantate appartient au genre noble. C'est, par définition, un poème, quoique destiné à être mis en musique, et non une chanson.

Il est donc juste d'inclure la *Cantate des Boîtes* de Boris Vian dans son œuvre poétique. Boris l'écrivit le 28 mai 1954.

Alain Goraguer, d'abord pianiste de Simone Alma qui interprétait plusieurs chansons de Boris Vian, se liera très vite d'amitié avec Boris et deviendra son accompagnateur. Outre Jimmy Walter et Henri Salvador, il sera le compositeur avec qui Boris collaborera le plus fréquemment. C'est à lui qu'échut l'honneur de faire de la *Cantate des Boîtes* réellement une cantate, en écrivant la musique. (Signalons que le mot BOI-TES, quand il apparaît en majuscules dans le texte, constitue le « récitatif » de la cantate et n'est pas chanté, mais hurlé.)

La *Cantate des Boîtes* a été publiée pour la première fois, du vivant de Boris Vian, dans le numéro 25 des *Cahiers du Collège de 'Pataphysique* (3 décervelage 84 = 31 décembre 1956).

<blockquote>
A l'astre de nos jours
On dédie des tas d'odes
Au dieu de nos amours
Des tas de poésies
Aux femmes de toujours
On consacre la mode
</blockquote>

Et aux topinambours
D'âpres monographies.

Tout ça est bien injuste
Tout ça me tarabuste
Tout ça me rend très truste
Car tout le monde oublie
La chose inévitable
La chose capitale
Qui commande nos vies
Comme nos morts d'ailleurs

Elément dominant
De la civilisation moderne
Instrument agissant
Qui joue le rôle de lanterne
Pour les chercheurs de toute espèce
Perdus dans la ténèbre épaisse
Depuis Platon jusqu'à Lucrèce
Et de l'oncle jusqu'à la nièce
En passant par les grands de Grèce
Et par le boulevard Barbès
Puisqu'il faut la nommer

   la BOITE

Boîte que l'on exploite
Boîte large ou étroite

Et qui s'emboîte ou se déboîte
Boîte que l'on convoite
Boîte à gauche ou à droite
Garnie de sciure ou d'ouate

BOITES

Boîte à malice ou boîte à sel
Boîte à huile et boîte à ficelle
Baguier, trousse ou boîtillon
Buste, canastre ou serron
Castre, cassette, carton
Coffret, drageoir, esquipot
Droguier, fourniment, fourreau
Carré, coutelière ou barse
Galon, giverne et grimace
Utricule ou vésicule
Pyxide ou boîte à pilules
Boîte à poudre d'escampette
Boîte à outils, à gâteaux
Boîte à onglet, boîte à lettres
Tabagie, boîte saunière
Boîte avant ou boîte arrière
De vitesses, de lenteur
Boîte à prendre les souris
Tiroir, layette ou trémie
Boîte à buter les facteurs

BOITES

On peut tout mettre dans les boîtes
Des cancrelats et des savates
Ou des œufs durs à la tomate
Et des objets compromettants
On peut y mettre aussi des gens
Et même les gens bien vivants.
Et intelligents
Oui oui décidément la boîte
Est bien le plus indispensable
Des progrès faits depuis les temps
Que l'on nomme préhistoriques
Faute d'un terme plus subtil
Pour désigner la vague époque
Où le dinosaure dînait
Dans les marais de l'Orénoque
Où le brontosaure brutal
Broutait des brouets brépugnants
Où le ptérodactyle enfin
Ancêtre extrêmement voisin
Du sténodactyle ordinaire
Ouvrait pareil à Lucifer
Des ailes de vieux cuir de veau
Dans un crépuscule indigo
En faisant claquer ses mâchoires
Pour effrayer nos grands-parents

Différence fondamentale
Avec notre vie d'aujourd'hui
La boîte, messeigneurs, n'existait pas encore.

BOITES

Je vous aime toutes, je vous aime
Vous vous suffisez à vous-mêmes
Et jamais ne nous encombrez.

Car pour ranger les BOITES
                les BOITES
                les BOITES
On les met dans des BOITES
Et on peut les garder.

28 mai 1954

RUE WATT

La rue Watt traverse les voies — qui, parfois, la surplombent — de la gare des marchandises d'Austerlitz. Existe-t-elle ? Il n'y a pas de maisons et personne n'y passe, sauf les employés du chemin de fer. Elle mène du quai de la gare à la rue du Chevaleret. L'endroit est admirablement sinistre. C'est à Raymond Queneau, familier des lieux étranges de Paris (et de Venise), que Boris Vian dut la révélation de la rue Watt.

Dans la rue Watt donne, tout aussi déprimante, la rue de la Croix-Jarry, une rue courte, rongée par les mauvaises herbes, qui se termine en impasse sur des terrains vagues à quelques mètres du boulevard Masséna. Avant de faire goûter le charme de ces lieux à Boris Vian, Raymond Queneau y avait initié son ami Elie Lascaux qui a peint la rue de la Croix-Jarry sur une toile de 1937 (collection Raymond Queneau, reproduite dans *Dossier 20* du Collège de 'Pataphysique).

Le poème de Boris Vian est de juillet 1954.

> Lorsque j'y ai zété
> Pour la première fois
> C'était en février
> Mais il faisait pas froid
> Des clochards somnolaient
> Sur les grilles fumantes
> Et les moulins tournaient
> Dans la nuit murmurante

J'étais avec Raymond
Qui m'a dit mon colon
Il faut que tu constates
Qu'y a rien comme la rue Watt.

Une rue bordée de colonnes
Où y a jamais personne
Y a simplement en l'air
Des voies de chemin de fer
Où passent des lanternes
Tenues par des gens courts
Qu'ont les talons qui sonnent
Sur ces allées grillées
Sur ces colonnes de fonte
Qui viennent du Parthénon
On l'appelle la rue Watt
Parce que c'est la plus bath.

C'est une rue couverte
C'est une rue ouverte
C'est une rue déserte
Qui remonte aux deux bouts
Des chats décolorés
Filent en prise directe
Sans jamais s'arrêter
Parce qu'il y pleut jamais
Le jour c'est moins joli
Alors on va la nuit

Pour traîner ses savates
Le long de la rue Watt.

Y a des rues dont on cause
Qu'ont pourtant pas grand-chose
Des rues sans caractère
Juste un peu putassières
Mais au bout de Paris
Près d'la gare d'Austerliz
Vierge et vague et morose
La rue Watt se repose
Un jour j'achèterai
Quelques mètres carrés
Pour planter mes tomates
Là-bas dans la rue Watt.

Juillet 1954

CHANSON DE CHARME

Chérie viens près de moi
Ce soir je veux chanter
Une chanson pour toi.

Une chanson sans larmes
Une chanson légère
Une chanson de charme.

Le charme des matins
Emmitouflés de brume
Où valsent les lapins.

Le charme des étangs
Où de gais enfants blonds
Pêchent des caïmans.

Le charme des prairies
Que l'on fauche en été
Pour pouvoir s'y rouler.

Le charme des cuillères
Qui raclent les assiettes
Et la soupe aux yeux clairs.

Le charme de l'œuf dur
Qui permit à Colomb
Sa plus belle invention.

Le charme des vertus
Qui donnent au péché
Goût de fruit défendu.

J'aurais pu te chanter
Une chanson de chêne
D'orme ou de peuplier

Une chanson d'érable
Une chanson de teck
Aux rimes plus durables.

Mais sans bruit ni vacarme
J'ai préféré tenter
Cette chanson de charme.

Charme du vieux notaire
Qui dans l'étude austère
Tire l'affaire au clair.

Cantilènes en Gelée

Le charme de la pluie
Roulant ses gouttes d'or
Sur le cuivre du lit.

Le charme de ton cœur
Que je vois près du mien
Quand je pense au bonheur.

Le charme des soleils
Qui tournent tout autour
Des horizons vermeils.

Et le charme des jours
Effacés de nos vies
Par la gomme des nuits.

1955

CONSEILS A UN AMI

Ami, tu veux
Devenir poète
Ne fais surtout pas
L'imbécile
N'écris pas
Des chansons trop bêtes
Même si les gourdes
Aiment ça.

N'y mets pas
L'accessoire idiot
Ou le sombrero
Du Mexique
N'y mets pas
Le parfum brûlant
Ou le cormoran
Exotique

Mets des fleurs
Et quelques baisers

Tendrement posés
Sur ses lèvres
Mets des notes
En joli bouquet
Et puis chante-les
Dans ton cœur.

Ami, tu veux
Devenir poète
N'essaie surtout pas
D'être riche
Tu feras
De petits bijoux
Que l'on te paiera
Vingt-cinq sous.

L'éditeur
Va te proposer
De te prostituer
Sans vergogne
L'interprète
Va te discuter
Et va suggérer
Que tu rognes.

Tu riras
De ce qu'on dira
Et tu garderas

Dans ta tête
Ce refrain
Toujours inconnu
Que tu siffleras
Dans la rue...

1958

LE DOCTEUR SCHWEITZER

A son dernier printemps, celui de 1959, Boris Vian songeait à renouveler, avec Siné, l'art des images d'Epinal.

Siné se voyait évidemment confier l'illustration et Boris était chargé de tirer la morale de l'histoire.

La vie édifiante du docteur Schweitzer, que l'œuvre de Gilbert Cesbron *Il est Minuit, Docteur Schweitzer* avait fait pénétrer dans toutes les chaumières et chez les coiffeurs grâce aux magazines, devait constituer la première « planche » de la série.

Le docteur Albert Schweitzer, pasteur protestant, avait installé à Lambaréné, au Gabon, un hôpital fait de bric et de broc où il soignait les nègres manu militari. Il se récompensait en se jouant du Bach.

Longtemps ignoré (comme on aurait pu croire qu'il le souhaitait), le pasteur Schweitzer, découvert par des jeunes filles milliardaires curieuses d'effectuer un stage de quelques mois au chevet de l'humanité souffrante, devint après la guerre le héros d'une presse communément vouée au culte des familles royales, des champions cyclistes et de la fesse légalement monnayable. C'était une trouvaille car, sans conteste, il réunissait en une même personne trois puissants facteurs d'intérêt journalistique : la chirurgie (du sang ! du sang !), l'exotisme pimenté d'érotisme (des nègres à poil) et la mystique chrétienne aux prises avec les chimpanzés.

Mise en condition, l'opinion publique française l'aurait volontiers béatifié (s'il n'avait été protestant). Nombre de voyageurs, retour de Lambaréné, le tenaient au contraire pour une sombre ganache et une nullité sur le plan médical. Ses travaux de musicographe (car il se voulait ça aussi) sont à coup sûr très médiocres.

L'âge venant (il mourut à quatre-vingt-dix ans en 1965), l'anachorète — qu'il était peut-être au départ — se mua en un habile cabotin qui se faisait photographier sur toutes les coutures dans son domaine de Lambaréné. Par une inquiétante aberration, ce représentant type du colonialisme « bourru, mais paternel » reçut en 1952 le Prix Nobel de la Paix.

Le poème de Boris Vian fut révélé par l'inestimable *Dossier 12* du Collège de 'Pataphysique (gidouille 87 = juin 1960).

Qu'il soit minuit, qu'il soit midi
Vous me faites chier, docteur Schweitzer.

Si vous entrez dans la légende
Mettez des semelles de caoutchouc
Vos godasses de vieux trappeur
Ça fait du bruit sur les cailloux.
A l'avant-garde des salauds
On se couvre de votre image
Pour qui voulez-vous les remettre
En bon état, docteur Schweitzer
Ces nègres que vous recollez
Et qu'on recassera demain ?

Restez dans vos temples à la noix
Jouez de l'orgue avec vos pieds
Etudiez Bach si ça vous plaît
Mais sachez que depuis cent ans

En long, en large et en travers
Qu'il soit minuit, qu'il soit midi
Vous me faites chier, docteur Schweitzer.
Il importait que ce fût dit...

1959

JE VOUDRAIS PAS CREVER

Je voudrais pas crever, *recueil de vingt-trois poèmes publié en juin 1962 par Jean-Jacques Pauvert, en même temps que* Romans et Nouvelles (*réunissant* L'Herbe rouge *et* l'Arrache-Cœur) *et près d'un an avant la réédition triomphale de* L'Ecume des Jours, *a marqué le début de la gloire posthume de Boris Vian.*

Une seule des pièces fut écrite à la fin de la vie de Boris, celle qui s'intitule, d'après le vers initial du poème (sans titre dans le manuscrit) Je mourrai d'un cancer de la colonne vertébrale ; *il est légitime qu'elle clôture le recueil que Boris avait constitué lui-même, longtemps avant, et donc sans ce poème des derniers jours.* Je veux une vie en forme d'arête *est l'unique texte daté de la main de Boris : il est du 5 décembre 1952, mais nous savons que presque tous les autres sont aussi de ces années-là, 1951-1952, années sombres pour Boris qui vient de quitter sa femme Michelle, vit difficilement de traductions, subit les assauts du fisc tentant de lui arra-*

cher des impôts anciens assez considérables alors qu'il n'a plus un sou, habite un minuscule logis au dernier étage du 8 boulevard de Clichy, reste un condamné en instance d'appel dans le procès de J'irai cracher sur vos Tombes, *n'obtient aucun succès avec son roman* L'Herbe rouge, *d'ailleurs à peine diffusé par un éditeur chancelant, essuie le refus de Gallimard pour* L'Arrache-Cœur *et s'interroge, tel Wolf de* L'Herbe rouge, *sur sa vie, ses actes, ses sentiments, sur les raisons qu'il a de vivre ou de disparaître. Les poèmes sonnent en écho à des notes intimes, fort nombreuses, de cette période, en lesquelles Boris se confesse et doute atrocement de tout et de lui-même. S'il est donné d'ôter un peu de banalité à cette expression, Boris a vraiment* vécu *les poèmes de* Je voudrais pas crever. *Crise grave qu'Ursula Kubler, qu'il épousera en 1953, l'aidera avec patience et discrétion à surmonter.*

Les poèmes réunis dans les trois recueils organisés par Boris Vian sont publiés dans l'ordre qu'il leur avait donné et non à la date de leur écriture. Nous nous sommes efforcés, au contraire, de classer les poèmes inédits dans l'ordre chronologique de leur composition.

Noël ARNAUD.

JE VOUDRAIS PAS CREVER

Je voudrais pas crever
Avant d'avoir connu
Les chiens noirs du Mexique
Qui dorment sans rêver
Les singes à cul nu
Dévoreurs de tropiques
Les araignées d'argent
Au nid truffé de bulles
Je voudrais pas crever
Sans savoir si la lune
Sous son faux air de thune
A un côté pointu
Si le soleil est froid
Si les quatre saisons
Ne sont vraiment que quatre
Sans avoir essayé
De porter une robe
Sur les grands boulevards
Sans avoir regardé
Dans un regard d'égout

Sans avoir mis mon zobe
Dans des coinstots bizarres
Je voudrais pas finir
Sans connaître la lèpre
Ou les sept maladies
Qu'on attrape là-bas
Le bon ni le mauvais
Ne me feraient de peine
Si si si je savais
Que j'en aurai l'étrenne
Et il y a z aussi
Tout ce que je connais
Tout ce que j'apprécie
Que je sais qui me plaît
Le fond vert de la mer
Où valsent les brins d'algue
Sur le sable ondulé
L'herbe grillée de juin
La terre qui craquelle
L'odeur des conifères
Et les baisers de celle
Que ceci que cela
La belle que voilà
Mon Ourson, l'Ursula
Je voudrais pas crever
Avant d'avoir usé
Sa bouche avec ma bouche
Son corps avec mes mains

Le reste avec mes yeux
J'en dis pas plus faut bien
Rester révérencieux
Je voudrais pas mourir
Sans qu'on ait inventé
Les roses éternelles
La journée de deux heures
La mer à la montagne
La montagne à la mer
La fin de la douleur
Les journaux en couleur
Tous les enfants contents
Et tant de trucs encore
Qui dorment dans les crânes
Des géniaux ingénieurs
Des jardiniers joviaux
Des soucieux socialistes
Des urbains urbanistes
Et des pensifs penseurs
Tant de choses à voir
A voir et à z-entendre
Tant de temps à attendre
A chercher dans le noir

Et moi je vois la fin
Qui grouille et qui s'amène
Avec sa gueule moche

Et qui m'ouvre ses bras
De grenouille bancroche

Je voudrais pas crever
Non monsieur non madame
Avoir d'avoir tâté
Le goût qui me tourmente
Le goût qu'est le plus fort
Je voudrais pas crever
Avant d'avoir goûté
La saveur de la mort...

POURQUOI QUE JE VIS

Pourquoi que je vis
Pourquoi que je vis
Pour la jambe jaune
D'une femme blonde
Appuyée au mur
Sous le plein soleil
Pour la voile ronde
D'un pointu du port
Pour l'ombre des stores
Le café glacé
Qu'on boit dans un tube
Pour toucher le sable
Voir le fond de l'eau
Qui devient si bleu
Qui descend si bas
Avec les poissons
Les calmes poissons
Ils paissent le fond
Volent au-dessus
Des algues cheveux

Comme zoizeaux lents
Comme zoizeaux bleus
Pourquoi que je vis
Parce que c'est joli.

LA VIE C'EST COMME UNE DENT

La vie, c'est comme une dent
D'abord on y a pas pensé
On s'est contenté de mâcher
Et puis ça se gâte soudain
Ça vous fait mal, et on y tient
Et on la soigne et les soucis
Et pour qu'on soit vraiment guéri
Il faut vous l'arracher, la vie.

Y AVAIT UNE LAMPE DE CUIVRE

Y avait une lampe de cuivre
Qui brûlait depuis des années
Y avait un miroir enchanté
Et l'on y voyait le visage
Le visage que l'on aurait
Sur le lit doré de la mort
Y avait un livre de cuir bleu
Où tenaient le ciel et la terre
L'eau, le feu, les treize mystères
Un sablier filait le temps
Sur son aiguille de poussière
Y avait une lourde serrure
Qui crochait sa dure morsure
A la porte de chêne épais
Fermant la tour à tout jamais
Sur la chambre ronde, la table
La voûte de chaux, la fenêtre
Aux verres enchâssés de plomb
Et les rats grimpaient dans le lierre

Tout autour de la tour de pierre
Où le soleil ne venait plus

C'était vraiment horriblement romantique.

QUAND J'AURAI DU VENT
DANS MON CRANE

Quand j'aurai du vent dans mon crâne
Quand j'aurai du vert sur mes osses
P'tête qu'on croira que je ricane
Mais ça sera une impression fosse
Car il me manquera
Mon élément plastique
Plastique tique tique
Qu'auront bouffé les rats
Ma paire de bidules
Mes mollets mes rotules
Mes cuisses et mon cule
Sur quoi je m'asseyois
Mes cheveux mes fistules
Mes jolis yeux cérules
Mes couvre-mandibules
Dont je vous pourléchois
Mon nez considérable
Mon cœur mon foie mon râble
Tous ces riens admirables
Qui m'ont fait apprécier

Des ducs et des duchesses
Des papes des papesses
Des abbés des ânesses
Et des gens du métier
Et puis je n'aurai plus
Ce phosphore un peu mou
Cerveau qui me servit
A me prévoir sans vie
Les osses tout verts, le crâne venteux
Ah comme j'ai mal de devenir vieux.

JE N'AI PLUS TRES ENVIE

Je n'ai plus très envie
D'écrire des pohésies
Si c'était comme avant
J'en fairais plus souvent
Mais je me sens bien vieux
Je me sens bien sérieux
Je me sens consciencieux
Je me sens paressieux.

SI J'ETAIS POHETEU

Si j'étais pohéteû
Je serais ivrogneû
J'aurais un nez rougeû
Une grande boîteû
Où j'empilerais
Plus de cent sonnais
Où j'empilerais
Mon nœuvreû complait.

J'AI ACHETE DU PAIN DUR

J'ai acheté du pain dur
Pour le mettre sur un mur
Par la barbe Farigoule
Il n'est pas venu de poule
J'en étais bien sûr, maman
J'en étais bien sûr.

Y A DU SOLEIL DANS LA RUE

Y a du soleil dans la rue
J'aime le soleil mais j'aime pas la rue
Alors je reste chez moi
En attendant que le monde vienne
Avec ses tours dorées
Et ses cascades blanches
Avec ses voix de larmes
Et les chansons des gens qui sont gais
Ou qui sont payés pour chanter
Et le soir il vient un moment
Où la rue devient autre chose
Et disparaît sous le plumage
De la nuit pleine de peut-être
Et des rêves de ceux qui sont morts
Alors je descends dans la rue
Elle s'étend là-bas jusqu'à l'aube
Une fumée s'étire tout près
Et je marche au milieu de l'eau sèche
De l'eau rêche de la nuit fraîche
Le soleil reviendra bientôt.

UN HOMME TOUT NU MARCHAIT

Un homme tout nu marchait
L'habit à la main
L'habit à la main
C'est peut-être pas malin
Mais ça me fait rire
L'habit à la main
L'habit à la main
Ah ah ah ah ah ah ah
Un homme tout nu
Un homme tout nu
Qui marchait sur le chemin
Le costume à la main.

J'AI MAL A MA RAPIERE

J'ai mal à ma rapière
Mais je l'dirai jamais
J'ai mal à mon bèdane
Mais je l'dirai jamais
J'ai mal à mes cardans
J'ai mal à mes graisseurs
J'ai mal à ma badiole
J'ai mal à ma sacoche
Mais je l'dirai jamais, là
Mais je l'dirai jamais.

ILS CASSENT LE MONDE

Ils cassent le monde
En petits morceaux
Ils cassent le monde
A coups de marteau
Mais ça m'est égal
Ça m'est bien égal
Il en reste assez pour moi
Il en reste assez
Il suffit que j'aime
Une plume bleue
Un chemin de sable
Un oiseau peureux
Il suffit que j'aime
Un brin d'herbe mince
Une goutte de rosée
Un grillon de bois
Ils peuvent casser le monde
En petits morceaux
Il en reste assez pour moi
Il en reste assez

J'aurai toujours un peu d'air
Un petit filet de vie
Dans l'œil un peu de lumière
Et le vent dans les orties
Et même, et même
S'ils me mettent en prison
Il en reste assez pour moi
Il en reste assez
Il suffit que j'aime
Cette pierre corrodée
Ces crochets de fer
Où s'attarde un peu de sang
Je l'aime, je l'aime
La planche usée de mon lit
La paillasse et le châlit
La poussière de soleil
J'aime le judas qui s'ouvre
Les hommes qui sont entrés
Qui s'avancent, qui m'emmènent
Retrouver la vie du monde
Et retrouver la couleur
J'aime ces deux longs montants
Ce couteau triangulaire
Ces messieurs vêtus de noir
C'est ma fête et je suis fier
Je l'aime, je l'aime
Ce panier rempli de son
Où je vais poser ma tête

Oh, je l'aime pour de bon
Il suffit que j'aime
Un petit brin d'herbe bleue
Une goutte de rosée
Un amour d'oiseau peureux
Ils cassent le monde
Avec leurs marteaux pesants
Il en reste assez pour moi
Il en reste assez, mon cœur.

UN DE PLUS

Un de plus
Un sans raison
Mais puisque les autres
Se posent les questions des autres
Et leur répondent avec les mots des autres
Que faire d'autre
Que d'écrire, comme les autres
Et d'hésiter
De répéter
Et de chercher
De rechercher
De pas trouver
De s'emmerder
Et de se dire ça sert à rien
Il vaudrait mieux gagner sa vie
Mais ma vie, je l'ai, moi, ma vie
J'ai pas besoin de la gagner
C'est pas un problème du tout
La seule chose qui en soit pas un
C'est tout le reste, les problèmes

Mais ils sont tous déjà posés
Ils se sont tous interrogés
Sur tous les plus petits sujets
Alors moi qu'est-ce qui me reste
Ils ont pris tous les mots commodes
Les beaux mots à faire du verbe
Les écumants, les chauds, les gros
Les cieux, les astres, les lanternes
Et ces brutes molles de vagues
Ragent rongent les rochers rouges
C'est plein de ténèbre et de cris
C'est plein de sang et plein de sexe
Plein de ventouses et de rubis
Alors moi qu'est-ce qui me reste
Faut-il me demander sans bruit
Et sans écrire et sans dormir
Faut-il que je cherche pour moi
Sans le dire, même au concierge
Au nain qui court sous mon plancher
Au papaouteur dans ma poche
Ni au curé de mon tiroir
Faut-il faut-il que je me sonde
Tout seul sans une sœur tourière
Qui vous empoigne la quèquette
Et vous larde comme un gendarme
D'une lance à la vaseline
Faut-il faut-il que je me fourre
Une tige dans les naseaux

Je voudrais pas crever

Contre une urémie du cerveau
Et que je voie couler mes mots
Ils se sont tous interrogés
Je n'ai plus droit à la parole
Ils ont pris tous les beaux luisants
Ils sont tous installés là-haut
Où c'est la place des poètes
Avec des lyres à pédale
Avec des lyres à vapeur
Avec des lyres à huit socs
Et des Pégase à réacteurs
J'ai pas le plus petit sujet
J'ai plus que les mots les plus plats
Tous les mots cons tous les mollets
J'ai plus que me moi le la les
J'ai plus que du dont qui quoi qu'est-ce
Qu'est, elle et lui, qu'eux nous vous ni
Comment voulez-vous que je fasse
Un poème avec ces mots-là ?
Eh ben tant pis j'en ferai pas.

J'AIMERAIS

J'aimerais
J'aimerais
Devenir un grand poète
Et les gens
Me mettraient
Plein de laurier sur la tête
Mais voilà
Je n'ai pas
Assez de goût pour les livres
Et je songe trop à vivre
Et je pense trop aux gens
Pour être toujours content
De n'écrire que du vent.

DONNEZ LE SI

Donnez le si
Il pousse un if
Faites le tri
Il naît un arbre
Jouez au bridge, et le pont s'ouvre
Engloutissant les canons les soldats
Au fond, au fond affectionné
De la rivière rouge
Ah, oui les Anglais sont bien dangereux.

UN POETE

Un poète
C'est un être unique
A des tas d'exemplaires
Qui ne pense qu'en vers
Et n'écrit qu'en musique
Sur des sujets divers
Des rouges ou des verts
Mais toujours magnifiques.

SI LES POETES ETAIENT MOINS BETES

Si les poètes étaient moins bêtes
Et s'ils étaient moins paresseux
Ils rendraient tout le monde heureux
Pour pouvoir s'occuper en paix
De leurs souffrances littéraires
Ils construiraient des maisons jaunes
Avec des grands jardins devant
Et des arbres pleins de zoizeaux
De mirliflûtes et de lizeaux
Des mensonges et des feuvertes
Des plumuches, des picassiettes
Et des petits corbeaux tout rouges
Qui diraient la bonne aventure
Il y aurait de grands jets d'eau
Avec des lumières dedans
Il y aurait deux cents poissons
Depuis le croûsque au ramusson
De la libelle au pépamule
De l'orphie au rara curule
Et de l'avoile au canisson

Il y aurait de l'air tout neuf
Parfumé de l'odeur des feuilles
On mangerait quand on voudrait
Et l'on travaillerait sans hâte
A construire des escaliers
De formes encor jamais vues
Avec des bois veinés de mauve
Lisses comme elle sous les doigts

Mais les poètes sont très bêtes
Ils écrivent pour commencer
Au lieu de s'mettre à travailler
Et ça leur donne des remords
Qu'ils conservent jusqu'à la mort
Ravis d'avoir tellement souffert
On leur donne des grands discours
Et on les oublie en un jour
Mais s'ils étaient moins paresseux
On ne les oublierait qu'en deux.

ELLE SERAIT LA, SI LOURDE

Elle serait là, si lourde
Avec son ventre de fer
Et ses volants de laiton
Ses tubes d'eau et de fièvre
Elle courrait sur ses rails
Comme la mort à la guerre
Comme l'ombre dans les yeux
Il y a tant de travail
Tant et tant de coups de lime
Tant de peine et de douleurs
Tant de colère et d'ardeur
Et il y a tant d'années
Tant de visions entassées
De volonté ramassée
De blessures et d'orgueils
Métal arraché au sol
Martyrisé par la flamme
Plié, tourmenté, crevé
Tordu en forme de rêve
Il y a la sueur des âges

Enfermée dans cette cage
Dix et cent mille ans d'attente
Et de gaucherie vaincue
S'il restait
Un oiseau
Et une locomotive
Et moi seul dans le désert
Avec l'oiseau et le chose
Et si l'on disait choisis
Que ferais-je, que ferais-je
Il aurait un bec menu
Comme il sied aux conirostres
Deux boutons brillants aux yeux
Un petit ventre dodu
Je le tiendrais dans ma main
Et son cœur battrait si vite...
Tout autour, la fin du monde
En deux cent douze épisodes
Il aurait des plumes grises
Un peu de rouille au bréchet
Et ses fines pattes sèches
Aiguilles gainées de peau
Allons, que garderez-vous
Car il faut que tout périsse
Mais pour vos loyaux services
On vous laisse conserver
Un unique échantillon
Comotive ou zoizillon

Tout reprendre à son début
Tous ces lourds secrets perdus
Toute science abattue
Si je laisse la machine
Mais ses plumes sont si fines
Et son cœur battrait si vite
Que je garderais l'oiseau.

Y EN A QUI ONT DES TROMPINETTES

Y en a qui ont des trompinettes
Et des bugles
Et des serpents
Y en a qui ont des clarinettes
Et des ophicléides géants
Y en a qu'ont des gros tambours
Bourre Bourre Bourre
Et ran plan plan
Mais moi j'ai qu'un mirliton
Et je mirlitonne
Du soir au matin
Moi je n'ai qu'un mirliton
Mais ça m'est égal si j'en joue bien.

Oui mais voilà, est-ce que j'en joue bien ?

JE VEUX UNE VIE EN FORME D'ARETE

Je veux une vie en forme d'arête
Sur une assiette bleue
Je veux un vie en forme de chose
Au fond d'un machin tout seul
Je veux une vie en forme de sable des mains
En forme de pain vert ou de cruche
En forme de savate molle
En forme de faridondaine
De ramoneur ou de lilas
De terre pleine de cailloux
De coiffeur sauvage ou d'édredon fou
Je veux une vie en forme de toi
Et je l'ai, mais ça ne me suffit pas encore
Je ne suis jamais content.

5 décembre 1952

UN JOUR

Un jour
Il y aura autre chose que le jour
Une chose plus franche, que l'on appellera le Jodel
Une encore, translucide comme l'arcanson
Que l'on s'enchâssera dans l'œil d'un geste élégant
Il y aura l'auraille, plus cruel
Le volutin, plus dégagé
Le comble, moins sempiternel
Le baouf, toujours enneigé
Il y aura le chalamondre
L'ivrunini, le baroïque
Et tout un planté d'analognes
Les heures seront différentes
Pas pareilles, sans résultat
Inutile de fixer maintenant
Le détail précis de tout ça
Une certitude subsiste : un jour
Il y aura autre chose que le jour.

TOUT A ETE DIT CENT FOIS

Tout a été dit cent fois
Et beaucoup mieux que par moi
Aussi quand j'écris des vers
C'est que ça m'amuse
C'est que ça m'amuse
C'est que ça m'amuse et je vous chie au nez.

JE MOURRAI D'UN CANCER
DE LA COLONNE VERTEBRALE

Je mourrai d'un cancer de la colonne vertébrale
Ça sera par un soir horrible
Clair, chaud, parfumé, sensuel
Je mourrai d'un pourrissement
De certaines cellules peu connues
Je mourrai d'une jambe arrachée
Par un rat géant jailli d'un trou géant
Je mourrai de cent coupures
Le ciel sera tombé sur moi
Ça se brise comme une vitre lourde
Je mourrai d'un éclat de voix
Crevant mes oreilles
Je mourrai de blessures sourdes
Infligées à deux heures du matin
Par des tueurs indécis et chauves
Je mourrai sans m'apercevoir
Que je meurs, je mourrai
Enseveli sous les ruines sèches
De mille mètres de coton écroulé
Je mourrai noyé dans l'huile de vidange

Foulé aux pieds par des bêtes indifférentes
Et, juste après, par des bêtes différentes
Je mourrai nu, ou vêtu de toile rouge
Ou cousu dans un sac avec des lames de rasoir
Je mourrai peut-être sans m'en faire
Du vernis à ongles aux doigts de pied
Et des larmes plein les mains
Et des larmes plein les mains
Je mourrai quand on décollera
Mes paupières sous un soleil enragé
Quand on me dira lentement
Des méchancetés à l'oreille
Je mourrai de voir torturer des enfants
Et des hommes étonnés et blêmes
Je mourrai rongé vivant
Par des vers, je mourrai les
Mains attachées sous une cascade
Je mourrai brûlé dans un incendie triste
Je mourrai un peu, beaucoup,
Sans passion, mais avec intérêt
Et puis quand tout sera fini
Je mourrai.

LETTRES
AU
COLLEGE DE 'PATAPHYSIQUE

Sur les relations de Boris Vian avec le Collège de 'Pataphysique, nous ne pouvons que prier le lecteur de se reporter aux *Vies parallèles de Boris Vian* (Collection 10-18).

Bornons-nous à dire que ces relations furent intimes, au point qu'un jour, comme on le remerciait de son amitié pour le Collège, Boris s'exclama : « Ce n'est pas de l'amitié, c'est de l'amour. » (Cité par Latis, *Dossier 7* du Collège de 'Pataphysique.) Raymond Queneau, pour sa part, a pu écrire : « Qui fut plus pataphysicien que lui ? » et affirmer que si le Collège n'avait pas été pataphysique, Boris l'eût rendu tel.

Nommé le 22 merdre 79 (8 juin 1952) équarrisseur de 1re classe, en considération des qualités hautement pataphysiques de sa pièce *l'Equarrissage pour Tous*, Boris Vian était intégré le 22 palotin 80 (11 mai 1953) dans l'illustre Corps des Satrapes, en même temps qu'il accédait aux fonctions de Promoteur Insigne de l'Ordre de la Grande Gidouille. Il sut montrer envers le collège une sollicitude de tous les instants, participant à ses travaux, l'aidant de cent manières ingénieuses et efficaces. Il nous fut donné d'écrire dans un magazine profane qu'on parlerait peut-être un jour d'une « époque Boris Vian » dans l'histoire du Collège ; cette opinion, que nous pouvions craindre un tantinet audacieuse, a reçu voici peu l'aval quasi officiel du Collège ; la formule rend compte assurément de l'importance qu'eut Boris Vian dans le Collège de 'Pataphysique, de l'importance aussi du Collège pour Boris Vian.

Le Provéditeur-Editeur des *Cahiers du Collège de 'Pataphysique,* créés le 6 avril 1950, devenus en 1957 les *Dossiers,* puis en 1965 les *Subsidia Pataphysica,* est, depuis la fondation de la revue, Henri Robillot, bras droit de Marcel Duhamel à la direction de la Série Noire. Une chaude amitié liait, de longue date, Henri Robillot et Boris Vian.

Jean Mollet, fait baron par la grâce de son ami Guillaume Apollinaire, avait été secrétaire de rédaction du *Festin d'Esope* (1903-1904) et secrétaire des *Soirées de Paris* (1912-1914). Doyen d'âge du Corps des Satrapes, le baron Mollet était élu Vice-Curateur du Collège de 'Pataphysique le 21 palotin 86 (10 mai 1959). Son Acclamation eut lieu le 10 juin 1959, au cours d'une fête grandiose, sur la vaste terrasse que se partageaient au 6 *bis,* cité Véron, au-dessus du Moulin-Rouge, Boris Vian et Jacques Prévert. *La Lettre sur les truqueurs de la guerre* appartient à la guirlande transcendante offerte par les Satrapes du Collège au baron Mollet pour son heureux Avènement. Quand elle parut, le 11 gidouille 86 (25 juin 1959) dans le *Dossier* 7 du Collège, Boris Vian venait de nous quitter (23 juin 1959). Le baron Mollet est mort, à 87 ans, le 9 janvier 1964. On lira avec fruit ses *Mémoires,* préface de Raymond Queneau, Gallimard, 1963.

Les quatre *Lettres* de Boris Vian au Collège de 'Pataphysique sont tenues, par mainte sommité de l'inimitable Institution, pour textes canoniques.

LETTRE AU PROVEDITEUR-EDITEUR SUR LA SAGESSE DES NATIONS

Voilà, monsieur, je suis fasciné par les proverbes comme l'oiseau rock par une vestale Besnard. J'ai donc étudié les proverbes de près, c'est-à-dire tout seul ; les documents trahissent, et isolent qui les scrute de leur objet initial. Etant l'émanation de la Sagesse desdites, les proverbes, on peut s'attendre qu'ils nous donneront la clé du monde, et on n'est pas étonné. On l'a. C'est inutile car le monde n'est pas fermé, et satisfaisant car la clé est un bel objet décoratif. Comment on l'a, c'est ce qui suit. Vous y plongerez-vous avec moi ?

Cela me vint ainsi. Tel père, tel fils. *Et immédiatement après, à* père avare, fils prodique. *Il n'y a pas contradiction, vous le savez comme moi. Il appert (avare) aussitôt que la relation liant le père au fils est du second degré au moins. N'est-ce pas beau ? Et se doutait-on qu'un père pût avoir trois enfants ? Aussitôt d'ailleurs, nous en pouvions déduire un autre proverbe :* Les enphants zélés se suivent et ne se ressemblent pas. *Les enphants, nos jours à nous.*

Vous y êtes, monsieur. Vous y êtes. Il y a là-derrière bien plus que l'on ne vous disait. C'est sommaire en apparence. La sagesse des nations est poésie, monsieur ; elle échappe à toute critique. Elle est intuition pure au sens divin, mathémathématique du terme, et par là, se rapproche savoureusement de l'ineptie. C'est dire qu'elle nous permet de recréer le monde. Et si elle semble parfois pécher par omission, si l'on croit que tout n'est pas dit, c'est que l'on n'a rien vu. Vous l'allez vérifier sur un exemple. Un exemple que j'aime assez, celui de la cruche à l'eau. Tant y va-t-elle, dit-on, qu'à la fin, elle se casse. Attendez, monsieur. Ramassez vos membres en boule, et les laissez s'imprégner de fourmis. Que seul votre cerveau ait le droit d'absorber de vos forces vitales. Il en aura besoin.

TANT VA LA CRUCHE A L'EAU QU'A LA FIN ELLE SE CASSE

1. TANT

Ce départ, pris dans son brut et comme une proposition physique, entraîne l'usure. Ecartons d'emblée le cas, facile, où la cruche pourrait être bouillante, et l'eau froide ; car il y a *tant* et elle se fût cassée de suite ; car d'autre part, ceci impliquerait la présence d'une casserole pour faire chauffer l'eau, et si l'on dispose d'une casserole, on n'a plus de raisons de mettre l'eau dans la cruche. Reste l'eau ardente des volcans et geysers ; mais les vapeurs de soufre incommodent, monsieur. Il y aurait eu, sans *tant,* le cas inverse de l'eau glacée et de la cruche bouillante, ou même de l'eau glacée solide et de la cruche quelconque — or l'eau glacée solide n'est plus eau, mais glace, et d'ailleurs *la cruche n'irait pas.* Elle ne veut pas patiner. Regardez ce *tant. Tant* élimine les états extrêmes du bouillant et du gelé, car *tant,* ce n'est pas assez fort pour la casser chaque fois.

Alors, elle va s'user ?

Est-ce un cas non prévu par l'énoncé et qui l'entacherait de ridicule ? Allons, monsieur nous ne l'eussions pas trouvé si vite. Croyez-vous que l'on puisse disposer d'une cruche assez admirablement ouvrée pour qu'elle s'use si régulièrement que l'on puisse voir, au terme de sa vie de cruche, le soleil à travers, viride comme l'or des batteurs ? Elle se casse, vous dit-on, monsieur. Elle est donc imparfaite. On en déduit l'homme. On niera Dieu, plus tard, la vie aidant.

Non, monsieur, ce *tant* prévoit, implique la pesanteur, le frottement, l'inégalité, et que nous sommes liés au sol par g.

C'est aller trop vite ? Prenez cette parenthèse, et me la tenez ouverte.

Supposons montée sur une chaîne sans fin (c'est-à-dire expressément limitée) et fort solide, une cruche fort solide elle aussi, voire virtuelle, qui ne fasse que s'approcher de l'eau, sous vide et sans contact ? Croyez-vous, croyez-vous, monsieur, que la cruche se brisera ? La chaîne — peut-être ; encore peut-on prendre soin de la doubler périodiquement d'une remplaçante.

L'esprit, monsieur, embrasse d'un coup l'énoncé et ne peut se résoudre, comme j'allais le faire, à décomposer en ses membres la proposition entière. Voyez ce qui me chiffonnait. C'est à l'eau. Il n'y a qu'approche et non contact. Encore moins immersion. Seule une implicitation très aventurée, et relevant de la croyance magique, peut permettre de concevoir que la cruche s'y remplisse. Encore se pourrait-il qu'elle fût remplie dès son approche, auquel cas nous serions en droit de disposer instantanément de l'aphorisme, tout aussi valable dans les conditions imprécises de notre observation :

Tant va la cruche à l'eau qu'à la fin il y a davantage d'eau.

C'est aller trop vite en besogne. La vache ne va-t-elle pas au taureau ? et n'entend-on point par là que ce dernier la pénètre et la remplit ?

La vache va-t-au taureau ; elle en revient pleine. L'eau est le mâle de la cruche.

Je m'égare, monsieur, vous le voyez et ne faites rien pour me retenir. Qui m'empêche alors de déclarer aussitôt :

Tant va la cruche à l'eau qu'à la fin il n'y a plus d'eau ?

Car le mâle, monsieur, voit aussi parfois le fond de ses couilles.

Accessoirement, admirez comme cette dernière affirmation fait plus confiance à l'homme ? Ne faut-il pas voir en effet dans le premier « Tant va la cruche à l'eau qu'à la fin elle se casse » une illustration assez explicite de cette mentalité primitive et panthéiste, qui oppose à la divinité infiniment vaste et omniprésente — fécondante aussi et circulaire — or-bitte — de l'eau, la spatialité réduite et misérable de ce con de cruche, frêle produit de l'industrie humaine, incapable de durer par rapport à cette eau éternelle ?

Encore ceci se fait-il d'une façon incohérente, c'est-à-dire libre, — antihumaine, comme en témoignent les esclaves du Gros. Car dans la minute même que nous supposions cette eau infiniment étendue, nous réduisions la possibilité de bris. S'il n'y a que l'eau — et la cruche, naturellement, il est fort peu probable que celle-ci se brise jamais [1].

Introduisez donc plutôt pour voir, monsieur, sur une étendue d'eau infinie, une cruche en bon état, scellée ou non ; dans le cas d'une scellée, fort longtemps souvent flottera-t-elle, ainsi que ne le prouvent pas [2] les classiques expériences volontaires, ou non préméditées, de bouteilles à la mer. Dans le cas d'une ouverte : si l'eau est agitée, la cruche coule, et, arrivée au fond, ne risque plus rien ; ou trois mille ans plus tard, peut-être, si quelque cousteau vient à la repêcher. Encore, nous avons supposé un fond où il n'était question que d'eau ; bien plus, monsieur, une cruche de même densité que l'eau ne va pas couler — ni une cruche sans densité dans une eau sans densité...

Je devrais là fermer ma part-en-thèse, car j'ai mon *tant*. Mon *tant* m'a donné la densité, monsieur. Une cruche plus légère que l'eau me relance, car elle flottera, pleine ou pas.

Et l'eau, monsieur, ne sera agitée que si vous le voulez bien. Car ce n'est pas non plus dans l'énoncé, et une eau sans vent et sans marées, sans bords surtout, ne recèle aucun danger pour la cruche ; à

---

1. A moins de tomber d'une grande hauteur, mais qui l'élèvera ?

2. Car une bouteille n'est pas une cruche.

moins que la cruche et l'eau ne présentent une affinité chimique naturelle : une cruche en sodium ou en sucre se verra fortement endommagée par l'eau. Y aurait-il là rupture à proprement parler ? la cruche se dissoudrait en l'aigue — ou s'y combinerait...

S'y combinerait. Monsieur, c'est la rupture des molécules. Voilà ce que ça donne cette parenthèse. Souffrez que je la referme, j'ai le vertige. La cruche se casse, monsieur, et voilà la bombe. Voilà les grands hiroshimas qui s'ouvrent à vos pieds. Fermez-la-moi. Et passons à l'ordre. A *va*.

2. VA

(*J'allais aborder va, mais il me vient encore une précaution sous la plume. Rappelez vous, rappelez-vous bien surtout, que si le problème, semble se matérialiser avec une périodicité implicitée par le fait qu'il s'adresse à cette catégorie d'esprits retardataires qui, dédaignant le progrès introduit par l'usage du transport continu de l'eau au moyen de ces corps creux que l'on nomme canalisations, se confinent à l'emploi de vaisseaux de capacité limitée, munis en général d'anses — ce pourquoi on les baptise cruches — et réalisent ainsi une véhiculation intermittente et imparfaite caractérisée notamment par un retour à vide, source d'une baisse de rendement considérable,* c'est pour mieux te manger, mon enfant.)

La cruche *va.* C'est vrai en allemand : *Der Krug geht zum Brunnen bis er bricht.*

(Il faudrait revenir là-dessus, car il y a *bis, jusqu'à,* et non pas *tant.* Il y a une notion de finalité et d'économie, dans le texte allemand, qui s'oppose à la fatalité de *tant.* Mais nous sommes sur *va,* monsieur, je le sais.)

La cruche ne *va* pas à l'eau toute seule ; est-elle grande et portée par un petit âne, ou petite et portée par une souris verte ou un caméléon, encore un point à méditer. Limitons au minimum le nombre des données. Supposons un homme tout nu, une cruche vide, et de l'eau non loin de là. Les difficultés surgissent comme de braguettes explosives ; imaginez encore, monsieur, que tout se passe dans du sable mou. Un homme H, ou Y, muni d'une cruche C, dans du sable mou X, à une certaine distance D de l'eau E. Comment concevoir, dans ces conditions, que la cruche se casse ? L'homme arrivera peut-être, en tombant dessus maladroitement — ou exprès — à la fracasser, l'eau disparaît de l'énoncé (d'ailleurs, c'est possible, car Eau = O). Ou s'il la lance très haut ?

Nous voilà ramenés brutalement à *va. Va* est un

déplacement plutôt horizontal, en tout cas parallèle au sol. Il y aurait *tombe.*

(Je sais, monsieur, je vois dans votre œil le reflet de l'entorse que j'ai faite au raisonnement — à son honnêteté. Je le reconnais, monsieur. Le sable mou admis, il n'y a, j'en suis d'accord, aucune raison de supposer que l'homme ira chercher de l'eau dans sa cruche. *S'il n'y a que du sable mou,* pourquoi s'installerait-il à la ditance D de l'eau E ? D = O, c'est comme s'il n'y avait pas de sable, l'homme s'est établi au bord de l'Eau et *boit* directement sans cruche. Comment s'agirait-il d'autre chose que de boire ? à supposer que ce fût de l'eau de mer qu'il ait été chercher pour cuire des crabes, on eût introduit le feu, le bois (le métaldéhyde, le papier, la tourbe, l'argon ou le reste) et les crabes ; il n'y aurait donc pas eu que le sable mou, ce qui est contraire à l'énoncé ? Il ne peut s'agir non plus de se laver, car on ne se salit pas dans le sable — s'il s'est souillé de ses déjections ? mais alors il aurait mangé et quoi ? — non, il est uniquement permis, monsieur, de supposer qu'il urine, puisqu'il boit ; on conviendra que cet homme supposé debout n'a aucune raison de se pisser sur les pieds ou dans la figure, sinon volontairement, auquel cas c'est un cochon vicieux et il nous intéresse autrement. Donc, l'homme veut boire.)

Comme la cruche *va,* l'eau est en contrebas ou en

surplomb. Si elle est en surplomb, il se noie il n'y a plus de problème — d'ailleurs, monsieur, vous savez que si même vous truquez les lois de la capillarité, l'eau ne tiendra pas *comme* ça jusqu'à *la fin*. Non, elle est en contre-bas pour justifier la cruche. Il *puise* de l'eau — non, s'il puise, c'est un puits, il y a une margelle ; vraiment, monsieur, vous ne m'aurez pas si facilement. Il plonge la cruche dans l'eau, l'eau copule la cruche, elle remonte pleine...

Elle remontera. Car il y *va* et *va* seulement, je sais ; mais aussi *tant* qui me donne la remontée. Et la cruche ne se brisera *jamais* à la remontée ; qu'il boive et nous fiche la paix, elle se casse quand elle *va*. On vous le dit.

Mais pour *aller,* n'aurait-il pas fallu, cette cruche, qu'elle fût ?

Ah, monsieur, voyez cette merveille : c'est inutile en France. Ici, l'action précède l'existence. En allemand, l'existence précède l'action. C'est net ; je crois, monsieur, qu'il n'y a pas à discuter là-dessus : *Tant va,* début français. Et là-bas : *Der Krug.* Tout le matérialisme teuton est là, monsieur. Toute l'incompatibilité d'humeur de l'essence et de l'existence. Sartre est foutu d'avance : il se heurtait à un mur. C'est en Allemagne, monsieur, que l'existence précède l'action — et l'essence qui en dérive. Pas en français. Tenter d'adapter à notre usage les sophismes d'un Heidegger ? Tâche noble, monsieur, tâche noble car impensable, mais quelle méconnaissance de la 'pataphysique la moins immédiate ! Ici, nous nous affirmons avant que d'exister, nous déclarons les guerres sans armées. Brutes sordides, nos voisins, au préalable, font des canons. Ce n'est pas seulement le Rhin, monsieur, qui nous sépare.

3. LA CRUCHE

Avec quoi l'a-t-on faite ? Elle *n'était* pas là, puisqu'elle *va* d'abord.

Est-ce l'homme, est-ce vous, monsieur, qui l'avez faite ? Est-il sage de supposer qu'elle vient d'ailleurs ? Cette cruche, est-ce Dieu ? Se casserait-il ? Nous tenterons de régler cette question plus loin. Nous voulions la poser de suite pour bien vous prouver que nous pensons à tout. Voyez-vous, monsieur, tout ceci n'est pas simple. La physique est simple ; nous ne nous y intéressons pas, vous voyez maintenant pourquoi.

Revenons à nos données temporaires. Aussi bien nous ont-elles servi à la fabrication de conséquences non sans richesse, et à prouver leur propre absurdité : un homme, du sable mou, une cruche et de l'eau ne suffisent pas à justifier le proverbe. Ou la cruche lui sert à boire et cet homme est un être sophistiqué, car il pourrait boire dans ses mains [1], ou la cruche ne lui sert à rien ; de toute façon, elle ne se cassera pas dans du sable mou. Car *elle n'est pas fragile* puisqu'il y a *Tant*.

Supposons donc le problème — la cruche — résolu — donc anéanti.

Conservons l'homme, le sable mou, l'eau, et ajoutons deux nouvelles notions *au hasard* : le soleil S, et un petit massif argileux A.

L'homme traverse le sable et va regarder l'eau parce qu'il n'a pas grand-chose d'autre à faire, sinon dormir, et il vient de se réveiller. Il ne voit que le sable, l'eau, et n'ayant rien à jeter dans cette dernière que ses pieds, il les y trempe.

a) Le soleil a le temps de lui sécher les pieds avant qu'il ne parvienne en A. Il suffira d'attendre, car les jours se suivent et ne se ressemblent pas.

b) Le soleil n'a pas le temps de lui sécher les pieds [2].

Les pieds humides glissent sur l'argile.

---

1. On peut chercher à justifier aussi la cruche par un mouvement de recul de l'eau qui oblige à la constitution de réserves, mais s'il y a des marées de cette amplitude, c'est de l'eau de mer et ça ne se boit pas, ou alors *ne faut-il pas explorer un peu mieux les Causses ?*

2. Ceci peut également se produire s'il n'y a pas de soleil. On aurait pu fixer la pluie parmi les conditions initiales, supprimer l'eau. L'argile ferait bassin, etc., mais on n'y verrait rien.

La revanche, les coups de poing à la matière inerte, l'observation des empreintes, et, de fil en aiguille, la maîtrise de ladite matière. Donc l'homme prend de l'argile dans ses mains, et fait des tas de trucs affreux, dont un qu'est creux avec une anse, et qu'il appelle Khrûch ! (Nous avons simplifié par la suite.)

Le tout sèche au soleil pendant qu'il dort.

Ainsi, dès maintenant, l'homme a la cruche et possède, en outre, d'autres objets de solidité voisine contre lesquels il est parfaitement possible que se brise n'importe quoi d'analogue.

Le seul élément de distorsion du problème vient de ce que nous avons introduit l'homme, quantité qui ne s'élimine pas d'elle-même au cours des opérations successives, mais qui, au contraire, est susceptible d'éliminer toute autre quantité au moment où on en a le plus besoin. Vous, monsieur, par exemple.

4. A

Fut étudié en parenthèse, et s'il n'est point rétabli ici à sa place, c'est que nous n'y tenons pas. Le Maître de la 'Pataphysique établit d'ailleurs jadis un traité de son double qu'il suffira de diviser par deux pour s'instruire encore assez.

5. L'EAU

Voilà, monsieur, d'où vient toute l'ambiguïté du monde : c'est que l'énoncé contenait à tort ce mot que l'on a pu croire lourd de conséquence. C'est la seule chose inutile là-dedans, l'eau. Le vin eût fait aussi bien l'affaire ; car l'eau seule est incapable, on l'a prouvé, de briser la cruche. L'eau est le prétexte de l'homme pour casser cette cruche qu'il eut tant de mal à faire ; l'eau en soi ne donne jamais que de l'eau : les petits ruisseaux font les grandes rizières. A bon chat, bon rat — à bonne eau bon dos ou d'eau, ou pluteau, a (de avoir) bonne eau (inversion jolie) bon dos, *excuse,* aqua bona bonum dorsum habet.

Mais je crains, monsieur, que cet épuisement systématiquement incomplet des vertus de notre thème, ne vous fatigue l'entendement. Que j'étudie maintenant la fin, et vous allez vous fâcher. Comment me tirer de cette impasse ? Et ne voulez-vous point m'y aider ? Comment vais-je omettre de dire que *j'ai vu des cruches vivantes se suicider* ? Comment ?

Comme ça. A quoi cela revient-il, au fond, la cruche à l'eau ? A exalter les possibilités de l'homme. Il résulte bien, vous l'avez senti, de notre chanson de geste, que toute l'histoire a l'homme pour sujet. C'est à sa maladresse, au bout du compte, que l'on doit le bris de cette cruche, et l'admirable proverbe que nous avons aujourd'hui entre les dents. Et que nous vous proposons de remplacer incontinent par la remarque suivante : *Vide ou pleine, un homme peut toujours casser une cruche.*

Répétons-le : l'eau n'y est pour rien. L'homme, au demeurant, s'en fout bien, parce qu'il peut toujours en fabriquer une autre pourvu qu'il dispose d'argile, de soleil et de talent, éléments simples fort répandus à la surface du coléopterre sur lequel nous citoyons. Et cette élimination de l'eau, inattendue mais prévisible, nous permet bien de regagner les perspectives enthousiasmantes du début, à savoir qu'un homme aura toujours assez de cruches pour venir à bout de l'eau, qu'il pourra avantageusement, à l'occasion, remplacer par le sirop de lune, la vodeca, le pette-roll, l'aguardiente, le pulque, le raki, le saké, le bayrum, le tequila ou tout autre liquide dont la consommation immodérée constitue la supériorité essentielle de l'humain sur le cruchesque, voire sur le reste de la création, ainsi que le démontre son comportement après l'absorption de ces produits spirituels dus uniquement à son industrie, laquelle outre qu'elle produit des cruches et des proverbes, en fait l'égal d'un Dieu auquel, du reste, nous ne croyons pas. Car nous lui préférons le monde, et avant tout le Monde 'Pataphysique, le seul réglé dans des sens quelconques *au choix,* et qui, *lui,* tourne à la vitesse variable dont naissent les gravités dissemblables par la vertu desquelles nous pouvons, enfin, percevoir l'accélération, le mouvement, le sommeil, la chandeleur et la fumée comme des entités diverses, fructueuses, favorables (s'il fait beau) et dignes, quoi qu'il arrive par la suite, d'être conservées dans la mémoire des hommes jusqu'à ce que, monsieur, vous me direz enfin de m'arrêter, à quoi j'obtempère en restant, vous n'en doutez pas, votre obéissant serviteur.

Cahier 11 du Collège
de 'Pataphysique
(25 merdre 80 =
11 juin 1953)

LETTRE AU PROVEDITEUR
EDITEUR SUR UN
PROBLEME QUAPITAL
ET QUELQUES AUTRES

Vive le docteur Faustroll

8 haha 82 E. P.

Comprenez-vous, monsieur, je ne suis pas de ceux qui éprouvent l'inepte besoin de penser qu'ils pensent avant que de commencer à. Aussi, c'est sans préavis qu'il m'est venu, subitement, dans mon bain comme Archimerdre, des résultats. Que je me sois trouvé à la minute précise en train de me passer les précieuses au savon (Cashmere Bouquet de Colgate ; le point peut avoir son importance un jour) a sans doute une part dans l'éblouissement qui m'atteignit soudain. Toujours est-il que la chose m'est apparue d'importance et propre à me hausser d'un cran dans votre estime : vous concevrez que nul travail, cette récompense en vue, n'eût paru d'intérêt suffisant pour retarder la mise en graphie de cette méditation.

Le problème est cette fois, monsieur, celui de la couille. (J'aurais pu dire de la coquille, mais je cède au goût du sensationnel, vous voyez, c'est un faible bien inoffensif.) De fait, il s'agit d'un problème de conchyliorchidologie (ou d'orchido-conchyliologie, qui me paraît, si plus orthodoxe, moins expéditif ; donc, je garde le premier).

AXIOME

Retirez le Q de la coquille : vous avez la couille, et ceci constitue précisément une coquille.

Je laisse à cet axiome, monsieur, le soin de perforer lui-même, de son bec rotatif à insertions de patacarbure de wolfram, les épaisses membranes dont s'entoure, par mesure de prudence, votre entendement toujours actif. Et je vous assène, le souffle repris, ce corollaire fascinant :

Et ceci est vrai, que la coquille initiale soit une coquille de coquillage ou une coquille d'imprimerie, bien que la coquille obtenue en fin de réaction soit toujours (à moins de marée extrêmement violente) une coquille d'imprimerie en même temps qu'une couille imprimée.

Vous entrevoyez d'un coup, je suppose, les conséquences à peine croyables de cette découverte. La guerre est bien loin.

Partons d'une coquille de coquillage, acarde ou ampullacée, bitestacée ou bivalve, bullée, caniculée ou cataphractée, chambrée, cloisonnée, cucullée... mais je ne vois pas l'intérêt de recopier dans son entier le dictionnaire analogique de Boissière. Bref, partons d'une coquille. La suppression du Q entraîne presque immédiatement la mutation du minéral inerte en un organe vivant et générateur. Et dans le cas d'une coquille initiale d'imprimeur, le résultat est encore plus spectaculaire, car la coquille en question est essence et abstraction, concept, être de raison, noumène. Le Q ôté permet le passage de l'essence à l'existence non seulement existante mais excitable et susceptible de prolongements.

J'aime à croire que parvenu à ce point, vous allez poser votre beau front dans votre main pour imiter l'homme de Rodin — vous conviendrez en passant de la nécessité d'une adéquation des positions aux fonctions, et que vous n'auriez pas l'idée de déféquer à plat ventre sauf caprice. Et vous vous demanderez, monsieur, d'abord, quel est le phénomène qui se produit. Y a-t-il transfert ? Disparition ? Mise en minorité ? ou effacement derrière une partie plus importante, que le trout ? Qui sait ? Qui ? Mais moi, naturellement sans quoi je ne vous écrirais pas. Je ne suis pas de ces brutes malavisées qui soulèvent les problèmes et les laissent retomber sauvagement sur la gueule de leur prochain. Tiens, pourtant, si, en voilà un autre qui me tracasse, et je vous le dis en passant, car le genre épistolaire permet plus de caprice et de primesaut que le genre oratoire ou dissertatif, lequel je ne me sens pas qualifié pour oser aborder ce jour. L'expression : *mettre la dernière main* n'implique-t-elle pas, selon vous, que l'une des deux mains — et laquelle — fut créée avant l'autre par le père Ubu ? La dernière main est souvent la droite ; mais d'aucuns sont-ils pas gauchers ? Ainsi, de la dextre ou de la senestre, laquelle est la plus âgée ? Gageons que ce problème va tenter Madame de Valsenestre à qui, en passant, vous voudrez bien présenter mes hommages. Et revenons à nos roustons.

Eh bien, monsieur, pour résoudre le mystère de l'absence du Q, nous disposons d'un moyen fécond et qui permet généralement de noyer sans douleur la poiscaille en remplaçant un mystère que l'on ne pénètre point par un mystère plus mou, c'est-à-dire non mystérieux et par conséquent inoffensif. C'est la « comparaison », méthode pataphysique s'il en fût. A cet agent d'exécution puissant, nous donnerons l'outil qui lui manque, c'est-à-dire le terme de. Le jargon russe en l'espèce, qui sera notre étalon.

Vous le savez, monsieur, et si vous ne le savez pas, vous n'aurez jamais la sottise de le dire en public, il fut procédé en Russie, n'y a pas si longtemps que nos auteurs ne puissent s'en souvenir, à une réforme dite alphabétique, bien qu'en russe, cela ne se prononce point si facilement. Je vous le concède, cette réforme est à l'origine de la mort de Lénine, de la canonisation de sainte Bernadette et de quelques modifications structurales spécifiquement slaves apportées à un Etat de structure d'ailleurs imprécise ; nous passerons sur les épiphénomènes mineurs pour n'en conserver que le plus important. La réforme en question supprimait trois des trente-six lettres alors en usage là-bas : le Θ ou 'fita, le ѵ ou 'izitsa et le й ou is'kratkoï. Vous me direz que le Θ fut remplacé par le ф, le ѵ par le и, bon. Mais le й, simplement, *n'a point été mis au nombre des lettres.* Il en est, évidemment, résulté une regrettable simplification de la langue russe imprimée (écrite à la main aussi, mais de toute façon on ne peut pas la lire). Et ce n'est pas parce que des caractères comme le Θ venaient du slavon qu'il leur fallait faire prendre la porte. Mais d'ores et déjà, vous voyez comment on peut supprimer le Q : il suffit d'un décret.

La question est de savoir *ce que l'on a fait des lettres supprimées.* Ne parlons même pas de celles à qui l'on en a substitué d'autres. Le problème est singulièrement précis :

Où a-t-on mis les i s'kratkoï ?

Vous vous doutez déjà de la suite. Et vous voyez

l'origine de certaines rumeurs se découvrir à vos yeux émerveillés d'enfant sage.

D'ailleurs, monsieur, peu importe. Peu importe que l'on ait, *par le passé,* mésusé des lettres ainsi frappées d'interdit. Sans vouloir faire planer le soupçon sur qui que ce soit, je sais bien où l'on risquerait d'en dénicher quelques muids. L'expression « lettre morte » n'est pas née de l'écume de la mer du même nom, vous le savez, monsieur. Les vérités les plus désagréables finissent par transpirer, comme l'eau orange d'un chorizo pendu par les pieds ou la sueur délicate d'un fragment d'Emmenthal qui tourne au translucide. Et les cimetières de lettres sont monnaie courante (sans que l'on ait jamais songé à chronométrer cette dernière ce qui paraît inexcusable en un siècle sportif et ne permet point d'en préciser la vitesse). Nous n'avons pas accoutumé, me direz-vous, de remettre en cause le passé : je sais, et vous savez, que tout y est à refaire. Mais à bien y regarder, on est forcé de constater que c'est sans aucune originalité qu'a été résolu, de notre vivant ou presque, cet ardu problème de l'élimination en masse. Et cela continue. Avant que la merdecine ait eu l'idée de s'adjoindre des fi ! syciens et des chie-mistes (ou cague-brouillard, comme disent les anglois) la peste apportait une ingénieuse solution. Et les destructions provoquées parmi la gent corbote et ratière par la chasse, vu l'absence de grenades et de fusées à tête chercheuse, n'étaient point telles que ces bestioles ne fussent à même de procéder hygiéniquement à l'enlèvement des charognes. Il restait les os, que l'on suçait et que l'on perçait pour jouer de la quenia, comme Gaston Leroux l'a soigneusement rapporté dans *l'Epouse du Soleil.* Bref, le professeur Yersin imagina de foutre une canule au cul des poux, et vainquit la peste. Le cancer fait des progrès, mais il abêtit, et déprive le frappé du contact de ses semblables — ou plutôt de ses différents — si utile pourtant. Sur quoi l'Allemagne redécouvre le camp de con-centration déjà utilisé avant et ailleurs (le premier qui l'a inventé, levez le doigt). Le principe était bon : c'est celui du couvent. Mais si l'on sait où ça mène, l'on se refuse à voir où cela pourrait mener.

Vous avez déjà compris qu'en ce moment, loin de m'égarer, j'arrive à la proposition ferme, concrète et positive. Vous avez vu que, loin de lamenter le révolu, je suggère simplement que l'on améliore. Vous sentez, avec votre grand nez, que si le sort des prisonniers d'autrefois m'indiffère, c'est que la pataphysique va toujours de l'avant puisqu'elle est immobile dans le temps et que le temps, lui, est rétrograde par définition, puisque l'on nomme « direct » celui des aiguilles d'une montre. Et vous voyez que je suis en train de poser les bases du camp de concentration pataphysique, qui est celui de l'avenir.

Grosso modo, une Thélème. Mais une Thélème obligatoire. Une Thélème où tout serait libre, *sauf la liberté.* Il s'agit bien en l'espèce de cette exception exceptionnelle à laquelle se réfère Le Livre. Un lieu où l'on serait contraint de ne pas s'éloigner du bonheur.

Outre que le rendement des divers travaux que l'on pourrait ainsi faire exécuter *librement* aux *détenus* serait excellent — mais sachez que cette considération économique n'a pas un instant pesé sur notre choix plus ni moins que son contraire — le camp de concentration paradisiaque satisferait la tendance religieuse profonde qui sommeille au cœur de tout un tas d'individus non satisfaits de leur vie terrestre — et vous concevez qu'un prisonnier a des raisons de ne pas l'être. Il s'y pourrait, naturellement, faire du vélocipède. Vous pensez bien. Je ne développe pas les mille avantages du projet : je me borne à vous dire que, me désintéressant totalement du sort des i s'kratkoï, je propose, par la présente, à votre excellence d'accumuler les Q des coquilles dans les camps ainsi com-binés qui prendraient par exemple le nom de camps de cul-centration, et de récupérer outre les coquilles résultantes et régénérées, les burnes créées de la sorte à partir de rien, ce qui est quelque chose.

Vous ne serez pas sans remarquer que la réaction qui s'établit est assez analogue à celle qui se produirait, selon eux, dans ces breeders autotrophes où se fabrique une espèce de plutonium. Vous prenez la coquille, lui retirez le Q que vous enfermez en liberté, vous obtenez la couille et une nouvelle coquille, et ainsi de suite jusqu'à neuf heures vingt, où un ange passe. Je passe à mon tour sur l'émission de rayons bêta concomitante, d'une part parce qu'elle n'a pas lieu, d'autre part parce que cela ne regarde personne. Que le Q fût en fin de compte bien traité m'importait avant tout, du point de vue moral et parce qu'il est séant de ne point porter atteinte, sauf si l'on se nomme le P. U., à l'intégrité de quelque être que ce soit (excepté le militaire), vu qu'il peut pêcher à la ligne, boire de l'alcool et s'abonner au *Chasseur français,* ou les trois. Du moins, c'est une des choses que l'on peut dire, et comme elle diffère de tout ce que l'on pourrait dire d'autre, il me semble qu'elle a sa place ici.

Cahier n° 19 du Collège
de 'Pataphysique
(4 clinamen 82 =
26 mars 1955)

Piste-scrotum (1) — Cette lettre vous est personnellement destinée. Néanmoins au cas où elle n'intéresserait aucun autre membre du Collège, il me paraîtrait urgent de la diffuser. Si vous en décidiez ainsi, il me serait à honneur que vous la fissiez coiffer d'un chapeau à la gloire de Stanislas Leczinski, roi polonais, inventeur de la lanterne sourde à éclairer pendant les tintamarres et autres espèces de révolutions, et dont je ne me sens pas la force d'entreprendre la rédaction que j'estime trop au-dessus de mes indignes moyens.

Piste-scrotum (2) — En passant, vous constaterez que le principe de la conservation de ce que vous voudrez en prend un vieux coup dans les tabourets.

LETTRE AU PROVEDITEUR-EDITEUR SUR QUELQUES EQUATIONS MORALES

Paris le 20 du mois de as 83 E. P.
en la fête de S. Olibrius, augure.

Monsieur.

J'ai tenté depuis des semaines d'apporter au numéro que vous pressez une contribution valable, mais la sécheresse glaciale (si l'on ose préciser qu'il s'agit de glace sèche) de mon esprit n'a d'égale que la rigidité difforme de mes méandres cérébraux, et vous concevez que le tourbillon nerveux qui fait la force ordinaire de mon raisonnement se trouve quelque peu désorienté à suivre ces grandes voies rectilignes et désolées ; aussi, je n'ai pu accoucher que de quelques crottes intellectuelles des plus minables, encore qu'elles se trouvent rayées en hélice, ce qui peut surprendre. J'étais sur la voie de découvertes fructueuses concernant Dieu et son calcul, mais une équation de base me manque encore ; j'ai, cependant, abordé brusquement, un matin, une venelle étroite qui me semble pouvoir recéler quelques fructueux développements. J'inclinerais à croire qu'il s'agit de morale, et je vais vous proposer telles quelles, mes premières remarques. Il se peut que d'éminents pataphysiciens, moins touchés que moi par le piripipiose de l'hiver (qui me paralyse, il faut l'avouer), y trouvent un point de départ à quelques exercices scientifiques de bon goût.

C'est encore une fois la Sagesse des Nations que j'ai mise à contribution. Ce réservoir inépuisable de matière pataphysique est une gamelle où je patouille avec une joie toujours neuve, et ma (modeste) découverte de ce jour me fut peut-être soufflée par la vue du chat de la maison (un chartreux écouillé mais fort sympathique) qui me remit sur la piste d'un vieux proverbe désuet, usé jusqu'à l'âme et qui ne semblait plus devoir rendre d'ultérieurs services (est-ce un service qu'il m'a rendu, voilà le point en débat, mais je m'attarde en parenthèses et je vous fais languir, pardon, monsieur).
« *A bon chat bon rat* »
peut donc paraître d'une nouveauté restreinte, mais se prête, vous l'allez voir, à de mirificques transformations. Je revins d'abord à la jarryque conception du rastron et rétablis le chapistron. *A bon chapistron, bon rapistron,* me dis-je (et par suite, *A mau-*

vais chapidem, mauvais rapidem, mais nous nous bornerons ici à des bouleversements substantifs). Puis, la lumière se fit (dans les quinze watts, car je ne suis pas riche), et je me dis que l' « *at* » pouvait sans inconvénient être retranché des deux termes de cette sorte d'égalité (il me semble avoir précisé, voire démontré quelque part, que les combinaisons lettriques des mots sont additives ; et l'on omet les signes + pour simplifier une écriture qui sans cela ne manquerait pourtant point de grandeur, mais, monsieur, empêchez-moi donc de digresser comme cela sans cesse, merdre, à la fin !).

Ainsi, mathématiquement, l'égalité
A bon ch bon r
est parfaitement correcte ; et mes quinze watts en firent bientôt vingt-cinq, lorsque je me mis en devoir d'ajouter des quantités égales et positives, imaginaires ou réelles, aux deux termes. Or, voyez ma découverte : il y a là une source quasi-infinie de nouveaux proverbes, et malgré mon humilité, je ne puis me retenir de penser que la morale y va trouver son compte. Je vous jette à la gueule quelques exemples.

A bon chien bon rien
Etrange égalité qui fait que le *chien* est au *néant* comme le *chat* est au *rat*. Peut-on en déduire que rien n'existe d'aussi bon que le chien ? C'est là sagesse un peu chinoise à mon goût ; je ne m'aven-

turerai pas à sonder les conséquences de ce point de vue.

A bon château bon râteau
Cela va de soi, et n'eût pas déplu à la comptesse de Ses Gurres ; a-t-on le droit de poser : à bon râteau, bon jardinier, voilà encore une énigme que les forces me manquent pour la résoudre (en charabia dans le texte original).

A bon chameau bon rameau
ne traduit évidemment que ce fait biologique : le chameau est un herbivore qui broute haut.

A bon chai bon rai
semble plus obscur, à cause de ce rai, justement, de lumière, qui s'y glisse par quelque pertuis. Voici qui va plus avant.

A bon changement bon rangement
En effet, pour modifier l'installation d'une pièce, il faut d'abord la mettre en désordre (par rapport à l'ex-ordre) puis la remettre en ordre (par rapport à ce désordre, le nouvel ordre pouvant être identique à ce désordre ; voyez cela, c'est juste).

A bon chieur, bon rieur
nous ramène au chapitre des torcheculs. Je passe sur les abondantes solutions réelles, et j'attire votre haute attention sur un premier cadeau du sort, toujours mansuet.

Nous pouvons évidemment concevoir une transformation de notre égalité, telle que l'un des deux vocables seulement soit réel ; et nous en déduirons une immense série de mots non pas imaginaires, mais virtuels plutôt, qui existent à l'état latent et voltigent sans bruit autour de nos épais sourcils jaunes. Ce grand planté de vocables va enrichir notre langue d'un tas de possibilités que nous n'aurons garde, pour la plus grande gloire de Faustroll, de laisser échapper.

A bon chapitre, bon rapitre (cf rastron)
A bon chascal, bon rascal
A bon chapin, bon rapin
A bon chapon, bon rapon.

Vous voici déjà en possession de *rapitre*, de *chascal*, de *chapin* et de *rapon*. Avouez que j'ai bossé, hein. Ici, on peut même découvrir des adjectifs ; tel :

A bon chabougri, bon rabougri ou des substantifs encore :

A bon chorizo, bon rorizo
A bon checul, bon recul
A bon choyaume, bon royaume

etc.

Je vous laisse le soin de définir le sens de ces mots nouveaux... d'ailleurs, il va de soi. Vous remarquerez que lorsque l'on égale deux termes non existants, on obtient alors une série de mots que l'on peut dire non plus virtuels mais imaginaires, tels

A bon chul bon rul
A bon chimimoto bon rimimoto
etc. etc.

1. Il s'ensuit de ce qui précède que l'on peut selon de bonnes probabilités faire correspondre *ch* à *r* dans les diverses égalités proverbiales où ils se rencontrent. De proche en proche, il doit y avoir moyen de transformer et d'enrichir tous les proverbes de ce type :

Tel père, tel fils

(avec $r = ch$, donne : *Tel pêche, tel fils*, etc.)

Chi va piano va sano

qui donne, en ôtant l'ano,

chi va pi... va s...

et $pi = s$

D'où en reportant :

Tel pêche, tel filpi

on pourra ôter le *p* dans les deux termes... mais vous apercevez devant vous l'extraordinaire mine que mon modeste point de départ fait s'entrouvrir devant vos globes oculaires ébahis.

2. Il me semble que l'on doit avoir le droit (et si on ne l'a pas, on le prend) de traiter de la sorte les équations du modèle

Qui vivra verra

(duquel on tire aussitôt : *Quoi invite inerte* (?) ou celles du type   *Qui s'y frotte s'y pique*

Bref, la moitié au moins du dictionnaire nous manquait jusqu'ici, et comment voulez-vous parler de morale dans ces conditions-là ?

Je vous suis très faustrolliquement acquis.

Cahier 21 du Collège
de 'Pataphysique
(22 sable 83 =
22 décembre 1955)

LETTRE A SA MAGNIFICENCE
LE BARON JEAN MOLLET
VICE-CURATEUR DU COLLEGE
DE 'PATAPHYSIQUE
SUR LES TRUQUEURS DE LA GUERRE

L'on s'en doutait parfois, comme je ne saurais l'apprendre à Votre Magnificence, mais le doute n'est plus possible ; le moment est venu de le dire au grand jour ; *la guerre est truquée.* Quelle guerre ? Je n'en mets aucune spécialement en cause ; à mon avis, il n'y en a pas encore eu *une bonne,* et l'on verra pourquoi. Il me semble, et c'est tout, utile et urgent d'attirer l'attention des bons citoyens sur le mauvais usage que l'on fait de leurs deniers.

C'est le hasard d'une rencontre qui m'a mis la puce à la cervelle. Obligé, récemment, de laisser au garage mon char à essence (la paresse, je crains) j'eus l'idée, pour gagner le lieu clos où je travaille, dans un silence approximatif, à préparer la mise en conserve de ces aliments spécifiques de l'oreille, les vibrations musicales, j'eus, disais-je, l'idée de prendre l'autobus. Il n'était pas fort encombré et c'est ainsi que je trouvai place vis-à-vis d'un homme âgé. Son âge était-il respectable ? Je n'ai pas accoutumé de respecter ou de mépriser ; je choisis plutôt parmi cette gamme de sentiments qui vont de l'amour à la haine en passant par les degrés de l'affection, de l'indifférence et de l'inimitié. Bref, j'étais en face d'un homme de soixante-neuf ans, nombre pour lequel je n'éprouve non plus aucun respect particulier ; il n'est, à tout prendre, qu'un symbole et je n'en suis point, j'en remercie Votre Magnificence, à m'effrayer d'un symbole qui restera, *quelle que soit la force de l'éruption,* sous mon entière domination.

Pour en venir au fait, le revers du veston de ce vieil énantiomorphe de moi-même portait quelques fragments de rubans colorés, noués à la boutonnière ; curieux de nature, je me permis d'en demander l'usage.

— Celui-ci, me dit-on, est la Médaille militaire. L'autre, la Croix de Guerre. Et voici la Légion d'honneur de Lyon. La rosette.

— Je ne vois ni médaille ni croix, observai-je, mais de jolis galons de couleur. Serait-ce qu'il y eut une guerre et que vous...

— Quatorze-Dix-huit, fit-il, me coupant la parole, mais sans insolence.

— Je m'exprime mal, repris-je, seriez-vous *revenu* de la guerre ?

— Sans une égratignure, jeune homme.

La canaille semblait s'en vanter.

— Voulez-vous me dire, poursuivis-je (d'un ton que j'avais quelque peine à modérer), que cette guerre de Quatorze a été mal faite ?

Magnificence, je passe sur la suite de ce colloque. Il devait m'apporter cette triste certitude : oui, on nous trompe ; oui, les guerres sont mal faites ; oui, il y a des survivants parmi les combattants. Oh ! j'imagine que Votre Magnificence va hausser les épaules. Il s'emporte, pensera-t-Elle, avec un léger sourire et ce mouvement du chef que je connais bien. Il se fait des idées... On lui aura monté le bourrichon...

Eh bien non. J'ai fait mon enquête ; elle est concluante. La vérité est affreuse : toute noire avec du rose en plaques ; la voici : à chaque guerre, des milliers de combattants reviennent sains et saufs.

*
* *

Je me garderai d'insister sur le danger psychologique de ce triste état de choses : il est précis, colossal, monstrueux ; *l'individu qui revient d'une guerre a, obligatoirement, plus ou moins l'idée qu'elle n'était pas dangereuse.* Ceci concourt à l'échec de la suivante, et ne fait pas prendre au sérieux les guerres en général. Mais ce ne serait rien. Le combattant qui ne s'est pas fait tuer garde en lui-même une mentalité de raté ; il aura à cœur de compenser cette déficience et contribuera donc à préparer la suivante ; or comment voulez-vous qu'il la prépare bien, puisqu'il s'est tiré de la précédente et que par conséquent, *du point de vue de la guerre,* il est disqualifié ?

Mais je le répète, je ne traînerai pas sur l'aspect intérieur de la chose. Le côté social est plus grave. Voici, Magnificence, ce à quoi l'on utilise l'argent que vous versez ; voilà ce que l'on fait du mien, de nos impôts, de nos efforts. Voilà ce que l'on fait du travail de ces dizaines de milliers de braves ouvriers qui, du matin au soir, d'un bout de l'année à l'autre, s'épuisent à tourner des obus, à fabriquer, au péril de leur vie, des explosifs dangereux dans des établissements pleins de courants d'air, à monter des avions qui, eux non plus, ne devraient pas revenir *mais qui reviennent parfois.* On m'a cité des cas. La vie blesse.

Oh, qu'une bonne partie de la responsabilité de tout ceci incombe à l'ennemi, cela, Magnificence, je n'en disconviens pas. C'est grave, certes. L'ennemi, lui non plus, ne fait pas son devoir. Mais tout de même, reconnaissons que nous essayons de le gêner. Un ennemi un peu aidé nous détruirait jusqu'au dernier. Or, loin de l'aider, nous lui donnons dans le nez de l'arme rouge, de l'arme blanche, du mortier, du canon, de la bombe variée, du napalm ;

si parfois, comme en 1940, nous usons d'une tactique neuve, tentant de l'induire à courir très vite pour tomber à la mer, emporté par son élan, reconnaissons que de tels exemples sont rares et qu'en 1940, en tout cas, la technique n'était pas au point puisque *nous n'avons pas sauté dans l'eau les premiers pour l'attirer à notre suite.*

Mais, quoi !... à chaque guerre, le même phénomène navrant se reproduit : on engage, en masse, des amateurs. La guerre, pourtant, ce n'est pas n'importe quoi ; c'est fait pour tuer tous les gens et ça s'apprend. Or, que se passe-t-il ? Chaque fois, dans les deux camps, au lieu de confier à des mains professionnelles l'infinité de tâches délicates qui concourent à la réussite des belles campagnes, on embauche des milliers de manœuvres non spécialisés et on les fait instruire par des guerriers professionnels âgés ou de grade inférieur, *donc qui ont raté une guerre précédente.* Comment veut-on que l'esprit des recrues — et certaines ne demanderaient pas mieux que de se dévouer à la cause de la guerre — acquière les qualités nécessaires à la réalisation parfaite d'une guerre idéale ? Sans nous y attarder, ne faisons qu'effleurer au passage le terme « mobilisation ». Croyez-vous que le dessein du législateur, en employant ce mot, ait été, justement, d'« immobiliser » les mobilisés dans les casernes ? Pour moi, éclairé que je suis déjà par mes réflexions, la contradiction ne saurait surprendre ; elle procède purement et simplement de l'esprit de sabotage entretenu par les survivants des guerres passées.

Imaginons, par un vol majestueux de l'esprit — et celui de Votre Magnificence a l'envergure apte à ces élans immenses — une guerre réussie. Imaginons une guerre où toutes les munitions sont épuisées, tous les ouvriers à court de matières premières, tous les soldats et tous les chefs abattus — et ceci de part et d'autre, dans les deux camps. Ah, je le sais bien, tel résultat exigerait une minutieuse préparation ; et l'on vous déclare les guerres avec une légèreté, une désinvolture, qui rendent irréalisable cette guerre idéale en vue de laquelle, contre toute espérance, nous continuons — et nous continuerons — de verser notre obole quotidienne. Mais imaginons, Magnificence, imaginons ce combat dont pas un combattant ne réchapperait ! Voilà qui serait résoudre le conflit. Car un problème ne se pose pas, Votre Magnificence sait qu'*on* le pose. Il n'est que de supprimer cet « on ». De même, un conflit sans combattants n'est plus un conflit, et il ne survit jamais à leur disparition.

J'ai vilipendé — non sans raison, Votre Magnificence me l'accordera — les amateurs ; mais le plus triste, c'est que certains professionnels ne font pas leur devoir. Certes, il est inadmissible qu'un mobilisé ordinaire revienne intact du front ; mais c'est qu'on a le tort de mobiliser n'importe qui, et en trop grand nombre. Que Votre Magnificence me donne une armée de cinquante hommes, et je me fais fort de la contrôler ; je lui garantis qu'aucun des cinquante hommes n'en reviendra, dussé-je les abattre de mes mains et sans l'aide de l'ennemi ; mais un million d'hommes, Magnificence... non. Un million, je ne peux plus rien lui garantir. Mais là n'est pas l'argument ; le plus tragique, c'est que des soldats de *carrière* réchappent de la guerre. Jadis, les officiers chargeaient à la tête de leurs troupes ; ils savaient bien, eux, que leur mort était essentielle à la bonne marche de la guerre, grâce au jeu de l'avancement qui plaçait immédiatement le subalterne le plus qualifié au point le plus dangereux, celui où le chef venait de périr. De nos jours, on semble mettre cette notion de base en doute ; on a vu des généraux modernes dépasser cinquante ans et commander leurs forces depuis des P.C. disposés à l'arrière, voire abrités. L'on m'assure, et je suis tout prêt à le croire, que ceci a l'heureux effet d'étendre le champ des opérations et de multiplier ainsi les risques, en allongeant l'attaque adverse ; les avions, me dit-on, sont actuellement assez nombreux pour inonder de bombes des surfaces importantes. Ce raisonnement me semble suspect ; on sait bien, hélas, que certaines bombes manquent leur but, que toutes, malheureusement, n'explosent pas ; que le maladroit et grossier camouflage grâce auquel on tente de mettre en valeur les cibles de choix voit souvent son effet annulé par la malignité de la nature, qui réussit dans certains cas à l'imiter. Pourtant, on conçoit encore, je l'admets, que les professionnels de la guerre, irrités par l'idée de n'avoir que des amateurs à leur disposition, cherchent à s'en débarrasser le plus vite possible en les expédiant à l'avant-garde. Or, ils y rencontrent d'autres amateurs, ennemis, oui mais aussi maladroits qu'eux-mêmes, et le conflit s'éternise comme il le fit, paraît-il, à Verdun voici une quarantaine d'années, ces pauvres gens ne parvenant pas à s'exterminer malgré l'aide intensive de l'artillerie des deux camps. La discussion est délicate ; il y a, sans doute, à déterminer l'ordre dans lequel il faut éliminer les officiers des différents grades pour obtenir de la guerre son rendement maximum. Des chausse-trapes surgissent à chaque pas : par exemple, si un général est adroit, vaut-il mieux qu'il soit tué rapidement ou non ? Le calcul est délicat. S'il est très adroit, il tue ou fait tuer de nombreux ennemis sans perdre trop d'hommes ; mais s'il ne subit pas de grosses pertes, c'est que le général ennemi devant lequel il se trouve n'est pas très adroit ; en ce cas, comment dire du premier qu'il est très adroit, s'il se borne à triompher de maladroits ? et s'il n'est pas très adroit, ne serait-il pas bon — du point de vue de la guerre, toujours — qu'il fût tué rapidement ? Le problème, je le dis, est très épineux et fait intervenir le calcul des probabilités. Naturellement, on peut dire, en gros, qu'il serait bon qu'un général disparût au moment où il a fait un quota déterminé de victimes ; une étude statistique donnerait des chiffres provisoirement acceptables pour le minimum exigible.

Il ne reste pas moins de tout ceci, pour revenir à l'exemple de l'officier chargeant jadis à la tête de ses troupes, que (et c'était le cas) lorsque des professionnels sont en présence, la guerre réussit beaucoup mieux (tout est relatif) que lorsque les amateurs abondent sur le terrain. Un homme, à mon sens, s'est conduit, jadis, à merveille : c'est celui qui, à Fontenoy, lança la phrase, fameuse à juste titre : « *Messieurs les Anglais, tirez les premiers.* » A n'en pas douter, *dans son esprit,* les Français devaient *tirer en même temps* ; c'était la façon de réaliser un carnage maximum : réunir, au point fixe, les troupes, et se fusiller à bout portant. Sans doute trahi par des subordonnés d'esprit lent, cet homme, ce vrai soldat, n'en obtint pas moins un résultat satisfaisant. Depuis, des stratèges improvisés ont inventé la guerre droite, la guerre de mouvement, la guérilla, le harcèlement, le décrochage, le repli sur des positions préparées (oh ! hideux pléonasme) à l'avance, toutes tactiques qui ont l'avantage de gâcher énormément de matériel et de coûter fort cher, mais qui négligent l'essentiel : *la disparition du combattant.*

Votre Magnificence me pardonnera le désordre de ces réflexions que je jette tout à trac, notées comme elles me sont venues ; mon indignation n'a pas laissé à ma pensée le temps de filtrer et de mettre à sa place chacun des éléments qui venaient s'offrir à l'alimenter. Cette lettre part du cœur ; je me suis soudain vu bafoué, volé, floué ; nous n'avons pas les guerres pour lesquelles nous payons, et je ne suis pas content : Votre Magnificence ne niera pas qu'il y avait de quoi.

Qu'on se réveille donc, il est temps encore ; allons contre ce courant dangereux qui nous entraîne vers les gouffres. Qu'on me croie : *le jour où personne ne reviendra d'une guerre, c'est qu'elle aura enfin été bien faite.* Ce jour-là, on s'apercevra que toutes les tentatives avortées jusqu'ici ont été l'œuvre de farceurs. Ce jour-là, on s'apercevra qu'il suffit d'*UNE* guerre pour effacer les préjugés qui s'attachent encore à ce mode de destruction. *Ce jour-là, il sera, à jamais, inutile de recommencer.*

Le 29 sable 86, vacuation de Bombe.

P.-S. — On s'enquiert auprès de moi de la conduite à tenir vis-à-vis de ceux qui reviennent des guerres actuelles. Sachez que cela m'indiffère ; ce sont des guerres falsifiées, il est bien vrai, mais surtout ce ne sont pas *mes* guerres. En bonne logique, on devrait abattre tous ceux qui reviennent intacts et tolérer — pourvu qu'ils se taisent — ceux qui reviennent partiellement morts, mutilés ou blessés. On préférera, évidemment, ceux qui reviennent déprivés de l'usage de la parole, et l'on interdira absolument à tous, quels qu'ils soient, de se targuer du titre « ancien combattant ». Une seule dénomination convient à cette vermine : celle de « ratés de la guerre ».

1er décervelage 86

Dossier 7 du Collège de 'Pataphysique (11 gidouille 86 = 25 juin 1959).

SUR LA LITTERATURE ET LA FONCTION DE L'ECRIVAIN

UN ROBOT-POETE NE NOUS FAIT PAS PEUR

Paru dans le numéro du 10-16 avril 1953 de l'hebdomadaire *Arts,* dont André Parinaud occupait alors le directorat, cet article définit à merveille l'attitude de Boris Vian devant la science : intérêt passionné pour toutes les découvertes et les plus hardies ; méfiance, angoisse même devant le risque d'une utilisation de ces découvertes à des fins d'oppression et de décapitation de l'individu.

Contradictoire, cette attitude ? Non, parfaitement cohérente au contraire. Tout est possible à l'homme et il ne doit rien s'interdire, mais ce tout, cette totalité des possibles ne peut lui être bénéfique que s'il en demeure le souverain maître, si chaque individu reçoit — à mesure qu'elle s'accroît — et conserve — comme son bien propre — toute la connaissance. Il lui faut se refuser au tronçonnage du savoir, à cette atroce amputation qu'on nomme « spécialisation » et qui ferait de chaque être réduit à une fonction unique un esclave, un robot et, à la limite, un esclave des robots commandés par un chef qui seul détiendrait la « clé » de leur manipulation.

Cette vision tragique ne cessa de hanter Boris Vian, et il combattit sans trêve l'opinion complaisamment répandue selon laquelle l'homme du XXe siècle se trouverait dans l'impossibilité d'appréhender la totalité des connaissances. C'est dans cet article que se lit la formule si souvent citée : « Sachons tout. L'avenir est à Pic de la Mirandole. »

Dans une nouvelle, *Le Danger des Classiques,* publiée après sa mort (*Bizarre,* N° 32-33 consacré à la littérature illettrée, 1ᵉʳ trimestre 1964), Boris Vian nous a conté l'histoire d'un robot-poète devenu criminellement lubrique parce qu'on lui a mis « en mémoire » du Paul Géraldy. Cette nouvelle, non datée, aurait pu être contemporaine de l'article d'*Arts* dont elle traite les thèmes sur le mode de l'anticipation mordamment plaisante. Il n'en est rien : elle était écrite en 1950. Comme il est fréquent chez Boris, l'imaginaire avait ouvert la voie à la théorie.

Voilà, mon Parinaud, les dangers de la demi-culture car il vous suffit de lire en un journal du matin que M. Albert Ducrocq a construit un robot-poète pour vous étonner aussitôt. Pourtant, qu'est-ce que ça a d'extraordinaire ? Au siècle dernier, il y avait déjà Victor Hugo. Alors ?

Notez, je ne sais pas du tout comment il marche, le robot à Ducrocq. Mais je sais que depuis les tortues électroniques, et surtout l'électrobidule d'Ashby (ça fait trois jours que je cherche le nom de cet engin, mais contrairement à ce qu'assure Charles Trenet, je me rappelle surtout le nom de l'auteur et pas celui de son invention), on est en droit, et même en devoir de ne plus s'étonner d'une information de ce genre. Il y a maintenant des tas d'appareils qui choisissent divers trucs de référence (obscure pour nous) à des tas d'autres trucs possibles et manifestent de la sorte une espèce de caractère. De liberté, peut-être ; comme vous voudrez ; moi, Parinaud, vous savez, je ne suis pas snob.

Une supposition que le robot d'Albert, au lieu de choisir, comme celui d'Ashby, une résistance qui résolve son problème intérieur (je crois que c'est ça qu'il fait le « ... » d'Ashby, et il y a du Wheatstone dans l'histoire, si je me souviens bien), une supposition, donc, qu'il choisisse des mots dans un coffre à mots qu'on lui aura fourni, et les vocifère d'une grande voix nasale, ou les clame plus discrètement en langage binaire que l'on convertira. Eh bien, si des mots alignés constituent un poème, il sera poète, le robot. Comme Albert est doué pour l'électronique (c'est pas le premier venu, vous savez, Parinaud, il écrit aussi de fort bons livres sans le secours de robots), il a même pu obliger son robot à respecter certaines règles de construction : supposez cette fois que de détestables servitudes électriques imposent à cette pauvre chose de donner d'abord un sujet, puis un verbe, puis un complément à ce moment-là, le robot, il fera les phrases.

Mais enfin, Parinaud, que vous êtes enfant de vous émerveiller de la sorte quand le moindre écrivain fait ça toute la journée ! Vous savez que l'on étudie des machines à traduire. Imaginez qu'on écrive : « Je suis un petit lapin vert » et que l'on traduise en français cette phrase. Remplacez « je » par un autre sujet, « suis » par un autre verbe, « un » par un autre article, et kohétêra. Pour peu que votre tableau de conversion soit astucieux, vous arriverez, je vous jure, à faire la pige à Malcolm de Chazal. Une machine le ferait !

Il y a un point cependant, que vous ne devez pas oublier. C'est qu'il est relativement facile de faire faire ça à un robot, à condition de lui fournir les mots tout faits. Ah ! je vous vois triompher, et vous entends vous exclamer déjà : « Mais c'est Larousse, le poète ! » Tremblez, Parinaud. Si l'on fournissait des lettres au robot, il en ferait aussi volontiers des mots. Ces mots, on ne les comprendrait pas forcément. Et l'ensemble des mots fabricables serait des tas de fois plus complet que le misérable embryon de vocabulaire des lettristes inhibés. On peut même (l'article vous l'indiquait) composer des lettres nouvelles. Le possible d'un robot est immense.

Vous voyez à quoi tout cela mène. Et vous vous sentez inquiet.

Il y a de quoi. Pour nous tirer de là, il importe de donner à ce que nous écrivons un sens extrêmement précis ; car sur le terrain du vague, de l'insolite, du vaporeux, de l'abscons et du rêveur, le robot nous battra à tout coup. Lui, en effet, n'aura aucune des mauvaises raisons que nous impose notre passé de choisir tel ou tel vocable. Lui sera vraiment libre, alors que s'il vient sous notre plume automatique une structure vachement originale, c'est peut-être bien que nous aurons fréquenté Mallarmé ou Jarry, de façon trop intime. Lui épuisera les combinaisons en deux temps et trois mouvements et nous délivrera des textes sans syntaxe, dont il assumera seul la confection.

POUR VOUS RASSURER

Ainsi d'une part, on peut essayer de posséder le robot en étant tout ce qu'il y a de plus rigoureux. D'autre part, on peut tenter de fabriquer d'autres logiques auxquelles il ne pigera rien. Fabriquer d'autres logiques aboutit malheureusement à un (par rapport à l'« ordre » actuel) apparent chaos. Et nous, les hommes, ne connaissons que par ouï-dire la contradiction, ne disposant de la simultanéité, ni de l'identité. Tandis qu'un robot peut avoir vingt synchrones et s'en donner à cœur joie, et ici encore, nous couillonner.

Or, l'ennui de nos deux solutions est qu'elles sont contradictoires, ce dont, je vous le disais, nous ne nous accommodons pas.

Pour vous rassurer un peu, Parinaud, je vais vous rappeler, malgré que j'en aie, la fondamentale. Après tout, le fonctionnement du robot dépendra de ce qu'on aura mis dedans. Et même s'il est libre, c'est qu'on l'aura prévu pour ça. S'il est poète, c'est qu'Albert est fabricant de poètes. N'est-ce pas encore mieux ? Ducrocq, fabricant de poète. Dire que d'autres se font militaires, ou, un peu plus haut, bouchers.

Je sais que cette lettre vous fatigue, mon bon. Elle est un peu lourde. Le style en est torturé au possible. Pardonnez-moi, car vous en savez la raison : nous ne tenons pas à ce que le premier robot venu, se retrouve parmi nos profondes cogitations, et l'ellipse de la forme comme celle du raisonnement est un des moyens de ce résultat. Nous luttons contre des moulins à vian : rendez-vous compte que, tôt ou tard, les robots feront des trucs que nous ne pourrons pas faire. Nous n'avons qu'une chose pour nous : négligeons tout le reste et cultivons, cultivons notre polyvalence. Il y aura des robots-poètes, d'autres cuisiniers, d'autres calculateurs, bon ; mais pour être les trois à la fois, il leur en faudra du volume ! Nous ne sommes pas parfaits, mais très adaptables. Nous pouvons faire l'amour, lire, jouer du piano, nager, et même construire des robots. Nous pouvons cogiter, donc être, et précéder l'essence. Nous pouvons rire. Oh ! Je ne le nie pas, *des* robots riront mieux ; mais sans doute pas *les mêmes*. Le monde est aux mains d'une théorie de crapules qui veulent faire de nous des travailleurs, et des travailleurs spécialisés, encore : refusons, Parinaud. Sachons tout. Sachez ce qu'il y a dans le ventre de ce robot. Soyez un spécialiste de tout. L'avenir est à Pic de la Mirandole. Mirandolez, éclaboussez ce robot-poète de vos connaissances en cybernétique, expliquez-lui comment il marche et vous l'aurez tout humble à votre merci. Pour faire tout ce que vous feriez — *si l'on vous avait bien élevé* — il faudrait qu'il pesât des dizaines de tonnes, le pauvre. Alors laissez-le venir et, d'un ton méprisant, avec un regard de haut, lancez-lui : « Va donc, eh, GROS robot ! »

Pas un être sensible ne résista à ça, et un robot qui veut maigrir est un robot foutu, car il ne s'use pas, comme nous, dans la masse. Il devient faible, s'anémie, mais d'un coup : il se casse ; et s'il se répare lui-même, les crabes aussi. Un dernier conseil : ne vous tourmentez pas. Quand le monde sera plein de robots, quoi de plus facile que d'en inventer un doté, par construction, de la haine de son espèce ? Alors, tous transformés en Nérons aux mains blanches, nous jouerons de la lyre avec une ficelle et une boîte de conserves en regardant flamber à nos pieds les hangars où les robots se tordront dans les braises comme de présomptueuses fourmis, aux accents majestueux d'une chanson composée par un jongleur prodige de deux ans élevé dans les pattes d'une tigresse à l'abri du monde civilisé.

Votre serviteur dévoué :
Boris VIAN.

TENTATIVE DE BROUILLAGE DE CARTES

La Parisienne était une revue littéraire mensuelle que dirigeaient Jacques Laurent et André Parinaud. La plupart de ses animateurs et collaborateurs réguliers ne passaient pas pour de farouches républicains ou des démocrates inébranlables (quand ils étaient républicains ou démocrates), mais c'était une équipe brillante, personne ne pouvait honnêtement le nier. D'eux l'on disait volontiers qu'ils faisaient, ces années-là, pencher la balance du talent du côté de la « droite ». Roger Nimier les représentait bien ou, chez leurs aînés, Jacques Perret. Nonobstant, *La Parisienne* se proclamait libre, et il semble bien qu'elle le fut ; ouverte, et des écrivains de toutes opinions s'y exprimèrent. Boris Vian y collabora plusieurs fois (voir *Textes et Chansons,* collection 10-18) en toute indépendance, bien entendu, et même avec une rare audace. Quelque malice aussi à l'idée de traiter certains sujets sous un éclairage de « gauche » dans une revue réputée réactionnaire. Il retrouvait à *La Parisienne* des écrivains qu'il aimait comme Marcel Aymé ou Jacques Audiberti, des amis comme Lise Deharme ou Jean Cocteau.

Raymond Guérin tenait la chronique littéraire de *La Parisienne*. Au temps des Vernon Sullivan, il avait partagé avec Boris l'honneur d'être un des auteurs « scandaleux » des Editions du Scorpion, avec son livre des plus recommandables — *La Main passe*. En 1953, chez Gallimard, il avait publié son roman *Les Poulpes,* troisième volume du cycle « Ebauche d'une Mythologie de la réalité » comprenant déjà *L'Apprenti* (1946) et *Parmi tant d'autres Feux* (1949). Raymond Guérin est mort le 12 septembre 1955, laissant une œuvre digne en tous points d'être lue.

Dans le numéro de janvier 1954 de *La Parisienne,* il s'était beaucoup énervé contre « les adulations de commande..., les mêmes los à l'intention des mêmes pontifes ou autres enfroqués », de Péguy et Bernanos à don Camillo et Char. Son article s'intitulait « Moutons de Panurge ».

Le Petit Monde de Don Camillo, de Giovanni Guareschi, et ses suites connaissaient alors un énorme succès. Fort des chiffres astronomiques des ventes, l'éditeur poursuivait le lancement de son produit au moyen de placards publicitaires où seul le nom du héros figurait, celui de l'auteur étant escamoté. Raymond Guérin en était indigné, non qu'il portât particulière estime à Guareschi, loin de là, mais pour le principe. C'était, à ses yeux, un scandale jamais vu. « Après tout, écrivait-il, quand des firmes publicitaires nous vantent les mérites d'un lubrifiant ou d'un dentifrice, prennent-elles la peine de nous rappeler le nom de l'ingénieur qui les inventa ? Non ! Elles nous disent : « Achetez Castrol ou Colgate. » Même chose désormais en littérature : *Don Camillo, Don Camillo...* Suffit ! Voilà la marque de fabrique. Voilà le produit qui fait fureur. Et allez donc ! Vous me ferez remarquer très justement que ça n'empêche pas M. Guareschi (oui, c'est le nom de l'auteur, vous pourriez l'avoir oublié) d'empocher les millions. Car c'est toujours la même grande putasserie. On fait dans le bouquin comme on ferait dans le savon ou le biscuit, l'anchois ou la brillantine... » Et Raymond Guérin de pester contre les moutons de Panurge, qui se contaminant mutuellement, ne savent même plus ce que *lire* veut dire ou lisent des livres qui n'ont plus de livres que le nom.

« Nous autres, littérateurs ou lecteurs experts, écrivait-il encore, dans nos milieux, nos chapelles, nos parlotes ou nos revues, nous jugeons, apprécions, classons, cotons ou codifions, sérions ou dosons, couronnons ou condamnons et nous figurons que le public nous suit. Mais le public n'a que faire de nos avis. Mais le public nous ignore. Avons-nous jamais réussi à lui imposer un écrivain que nous estimons ? [...] Le public passe outre, suit son mauvais goût et vous le voyez, ce nigaud, s'emberloquer à chaque instant, contre vents et marées, en faveur de quelque clown ou quelque histrion des lettres... » Et ces lecteurs ignorants ont l'outrecuidance de trancher du bon et du mauvais. Sous prétexte qu'ils paient les marchandises imprimées, ils s'arrogent le droit de juger. Raymond Guérin en étouffe de rage. Lui, et « nous autres, écrivains » nous n'oserions jamais contester la compétence d'un chirurgien ni celle de notre cordonnier. Ces gens-là (ou Zatopek dans la course à pied) ont acquis des connaissances spéciales et approfondies et possèdent une compétence « devant laquelle nous nous devons incliner ». Mais les lecteurs de mauvaise littérature, ou de littérature gonflée par la publicité, les moutons de Panurge, prétendent discuter de littérature bien mieux que les littérateurs eux-mêmes, alors qu'ils n'y comprennent rien et qu'il ne leur vient même pas à l'idée de chercher à s'initier.

Le découpage en huit « points » du texte de Boris Vian qu'on va lire maintenant est la parodie d'une méthode (en cinq « points ») dont avait usé Raymond Guérin dans une prédécente chronique de *La Parisienne* (décembre 1953) où, déjà, avec même verve et virulence, il s'en prenait aux fausses valeurs et aux gloires truquées.

Ces quelques citations et ces précisions étaient, croyons-nous, nécessaires pour comprendre pleinement le texte de Boris Vian, qui se voulait une réponse à Raymond Guérin.

Nos plus jeunes lecteurs doivent savoir encore que *Garap* fut une magnifique entreprise publicitaire en faveur de la publicité. Un matin, très précisément le 26 octobre 1953, Paris se réveilla couvert d'immenses affiches portant ce seul mot *Garap*. Les wagons du métro, les autobus répétaient partout et sans cesse *Garap, Garap, Garap*. Tous les journaux de Paris et de province, quotidiens et hebdomadaires, publiaient l'annonce mystérieuse *Garap*. Des films étaient projetés aux entractes dans trois cents salles de cinéma. Et chacun de s'interroger : Qu'est-ce que *Garap* ? Une nouvelle voiture ? Une nouvelle lessive ? Un nouveau soutien-gorge ? La réponse vint le 1er novembre : *Garap* — que tout le monde désormais connaissait, *Garap* — qui nous envahissait, qui hantait nos jours et nos nuits, *Garap* n'était rien. Les agences de publicité avaient, à l'occasion de leur « Semaine mondiale », monté toute cette opération, au demeurant fort coûteuse, pour convaincre le public qu'il devait accorder sa confiance aux produits qui font de la publicité !

Tentative de brouillage des cartes nous est parvenu sous la forme d'un manuscrit de premier jet. Ce texte important demeurait jusqu'à présent inédit.

Il y a, mon cher Guérin, dans votre dernière chronique, un certain nombre d'affirmations ou de confusions si dangereuses qu'elles m'ont, d'abord, réjoui, car il est excellent d'ajouter au désordre des esprits en ce qui concerne la littérature ; clairement définie (il suffirait de quelques pages), elle perdrait tout son charme ; aussi me garderai-je bien de les relever toutes ; mais il est plusieurs points sur lesquels je suis, vous me le pardonnerez, en désaccord total avec vous, c'est d'abord Panurge, et cette méchanceté acérée que vous manifestez du public qui se permet de juger sans rien y connaître.

Là, Raymond, vous allez fort. Et je crois que le mal vient de ce que vous n'avez pas les idées claires sur un détail au moins du problème.

Premier point.

Permettez-moi, pour mon premier point, une comparaison. Procédé dangereux, mais qui peut aider à discerner dans un ensemble mal exploré des traits plus aisément repérés dans un autre ensemble mieux connu, auquel, par exemple, on ne se trouve pas soi-même mêlé.

La Régie Renault. Voilà. On va comparer littérature et Régie Renault, ceci pris non au sens financier ou légal du terme, mais comme cette somme d'usines, de gens et de matières qui sort des voitures (ignobles d'ailleurs, car la 4 CV est trop petite et la Frégate trop bruyante et molle, mais là n'est pas la question ; je vous signale en entrant que je n'ai rien contre Renault ; la deux-pattes d'avant 1914 était un admirable modèle, et la Reinastella, complétée de roues en fil d'acier et de freins, m'eût encore satisfait).

A la Régie Renault, y a des gens qui font, donc, des voitures.

Est-ce qu'ils empêchent le public de donner son avis sur ces voitures ? Non. Et je voudrais voir l'affreux hurlement que vous, Guérin, poussèriez, si l'on vous interdisait de manifester vos réactions lorsqu'un trait d'une voiture, d'une année, d'une marque, vous paraît mal conçu. Vous dites (car vous êtes grand) : la Dyna Junior, impossible d'y tenir assis sans crever la capote avec sa tête. La 4 CV, derrière, pas moyen de mettre ses jambes. La traction, ça consomme trop, et c'est mal suspendu à l'arrière. Ou les compliments : la Talbot, c'est la voiture la moins chère du marché. La Cadillac, ça se gare sous une tente de camping. Pour enfant. Etc., etc.

A la Régie Renault, d'un bout sortent des voitures ! Que vous, Raymond, jugez avec une sévérité extrême (on suppose). Mais qui les a fabriquées, ces voitures ? Vous n'injuriez pas les ouvriers. Vous savez que ce ne sont pas non plus les typographes qui sont responsables du texte de Guareschi. Vous dites « Renault » mais si vous déculottiez un peu votre pensée, vous iriez au fond des choses. Vous concentreriez vos foudres sur le bureau d'études, d'une part, et sur la direction technique d'autre part ; le premier parce que c'est peut-être lui qui a fait la gaffe, la seconde parce qu'elle l'a laissé passer. Ou sur la direction commerciale, dont les exigences ont entraîné les deux autres à faire des concessions, des sacrifices. (A votre place, Raymond, je m'acharnerais sur la direction commerciale ; cela correspond à l'éditeur, alors vous pensez !)

Bref — ne nous égarons pas — vous rendriez finalement responsable quelqu'un. Et quand vous assurez : « Nous autres écrivains, n'oserions jamais dire à un chirurgien : " Quoi, c'est ainsi que vous maniez le bistouri ? mais vous êtes le dernier des maladroits ! " », Raymond, vous attigez, si j'ose être plébéien. A supposer que ce chirurgien vous laisse une paire de pinces à forcipressure (et je n'ai pas le Larousse médical !) dans l'abdomen au terme d'une opération de l'appendicite, vous pourriez dire au chirurgien, de ma part, que c'est un foutu chirurgien. Et ça arrive, fichtre oui. Mon frère, tenez, quand il était petit, on lui a enlevé les amygdales. Un grand totorino. Moulonguet, il s'appelait. Ça m'a frappé. Moulonguet, il lui a coupé la moitié de la luette, à mon frère. (Bubu, pas Alain ; Alain, c'est le seul qui les ait encore, je ne sais pas si ça lui sert.) Eh bien, Moulonguet avait travaillé comme un sabot.

Donc, premier point de ce discours, Raymond Guérin, vous avez très exactement et très parfaitement le droit de critiquer, même si vous ne pratiquez pas l'art dont il est question, et présenté comme ça, vous voyez que vous le saviez très bien. Je vous répète, vous aviez raison de mentir ; mais, entre nous pas de manières, déballons.

La chose, c'est qu'il faut s'instruire. Vous n'imaginez pas comme, en peu de temps, on arrive à savoir très exactement ce que c'est qu'une prise de courant ou une pastille de robinet ; à ce moment, on a parfaitement le droit de dire le mot de Cambronne au plombier qui vous réclame mille balles pour avoir réparé la fuite. Et d'ajouter que s'il possède la compétence voulue, sa façon de la faire fructifier ne nous paraît pas d'un honnête artisan.

N'ayez crainte : en quinze jours, vous saurez ce qu'il faut de cordonnerie pour juger la chaussure. Et le chinois, il y a des traducteurs. Et Picasso, tout ce qu'il ne garde pas dans son armoire, eh bien, on peut en dire ce que l'on en veut. D'ailleurs, il s'en fout. Si un abruti affirme « Je ne comprends pas », qu'est-ce que ça peut faire ? Si on disait, en portant un melon à son oreille, « ça ne sent rien », on serait dans le cas de l'homme qui regarde une peinture en disant « Je ne comprends pas ». On peut comprendre en pensant, voir en regardant, etc., etc. Cet homme, vous le soulignâtes à juste titre, était un pitoyable sire. Mais c'est tout à fait à côté de la question. Nous jugeons des gens qui lisent, tout de même.

Ainsi d'une part vous refusiez de vous initier page 78, et page 79 vous reprochez à d'autres de ne le point faire. Ah ! Ah ! Cela s'explique pourtant.

Deuxième point.

Pour varier, revenons à Renault. Supposez qu'une presse à emboutir des tôles de pavillon, d'un coup, on lui fasse emboutir des casseroles. En quoi est-ce que ça pourrait empêcher le bureau d'études, au même moment, de travailler à une bagnole fantastique 2 m 25 de long, 8 places, 1 000 chevaux, 3 litres aux 100, 2 chevaux fiscaux, 4 couchettes, rayon de braquage 10 cm, garage sur un carré de 0,50 × 1,25 m, pneus inusables (d'ailleurs, pas de pneus), direction automatique (vous dites où vous allez) et le prix, sept cents francs payables en trois ans.

Mais ça n'empêchera pas le chroniqueur automobile de *La Parisienne* de s'exclamer : « Il est impossible de rouler dans les casseroles de la Régie Renault. »
Et il aura raison.

(Je sens, cher ami, qu'à ce stade, non seulement vous, mais d'autres lecteurs aurez du mal à suivre les méandres de ma pensée, et comme je vous comprends, mais c'est la conséquence d'un vœu, et je me suis aperçu que lorsque j'écris un article ou une chronique, il me faudrait trois ans pour arriver à la version définitive et ordonnée. C'est une tare, j'ai le mental discontinu.. Ponctuel et non pas linéaire. Vous me le pardonnez, je n'ai pas chaque fois trois ans. Pataphysiquement, cela n'a d'ailleurs aucune importance, et je vais m'engager : je vous garantis que tout y est.)
Et pourtant, le bureau d'études est formidable.

Je voulais dire que, malheureusement, une monographie sur les répétitions de verbes dans les textes hottentots de la décadence, une chronique cinématographique de Louis Chauvet, un roman de Raymond Guérin (vous remarquerez que je cite le pire avant le meilleur), une étude cinématique de la marche en reptation raisonnée de Morpio Vespuccii, et tout ça, et les commentaires à tout ça, ça s'imprime et ça se lit sur du papier, c'est en encre et en typographie, en Afnor VII ou en pâte sulfurique dégueulasse, mais *c'est fait pareil*.

Et, nous sommes d'autant moins (dans ce nous, je remets aussi ce « nous autres littérateurs ou lecteurs experts » — cet « expert », j'espère, étant explétif et non louangeux — que vous employâtes in votre chronique de janvier 1954) coupés du public comme vous le craignez, que pour tout ce qui n'est pas *notre* production (avant de l'écrire, encore), nous ne valons pas mieux, ni moins, que le public.

O l'étrange dualité qu'est la nôtre, et nous pouvons réagir aux réactions des réactions, et voilà, mais c'est, ça a toujours été et ça restera comme ça, c'est ce que l'on appelle généralement le pouvoir d'objectivation du sujet (à caution, croyez-moi).

Or, de quel droit critiquerions-nous mieux ou plus mal que le public l'œuvre d'*un devant qui nous sommes le public,* car si nous connaissons (croyons connaître) les ressorts et machines de nos propres fabrications, nous ne sommes point habilités conséquemment à connaître d'office les chevilles et liens des fabrications d'autrui, sinon par l'étude que nous en faisons et qui ne nous permet au juste de déceler que quoi : que la 4 CV est trop petite, etc., couplet connu, les caractères extérieurs.

Deuxième point, résumons donc :

Vous refusez au public les raisons parfaitement valables qu'il a de ne pas s'initier, et surtout celle-ci que tout vient des intermédiaires sous lesquels il est noyé comme vous-même.

Jamais nous ne saurons d'un roman que ce qu'il est écrit. Ecrit, premier intermédiaire. Nous, second intermédiaire. La critique que nous l'*écrivons,* ce que nous pensons, troisième intermédiaire. Et l'autre qui la lira, quatrième intermédiaire. Etc.

Relisons assidûment les exercices de traduction en série de *La Parisienne*. Ça instruit. Vous voyez où on arrive.

On est trahi par le moyen. Autant de fois qu'on l'emploie.

Troisième point.

Croyez-vous d'ailleurs que ce public que vous accusez de ne pas s'initier — c'est-à-dire de ne pas se spécialiser (dangereux reproche, Raymond) — ne le soit pas beaucoup plus que vous ne le croyez ?

Quelle erreur est la vôtre. Le malheur, c'est que le public est parfaitement initié, mais à la littérature de son choix. Et là, vous n'êtes pas de force.

Les 1 250 000 acheteurs (ça fait bien trois millions de lecteurs) hebdomadaires de *Nous Deux,* c'est des drôles de mecs. Des drôles de critiques, mon vieux. Ils le savent, ce qu'ils veulent. Vous pouvez toujours essayer de les transgresser, les règles du genre, allez-y, Raymond, faites-en, puisque vous êtes si fort que ça. Vous verrez, si c'est pas détecté en deux temps et trois mouvements. Transfuge. Intrus. Picasso. (Et ils vous en sortiront d'autres, vous savez, c'est pas des gens tellement bien élevés. Enfin, pas comme nous.) Et vous braillez parce qu' « il ne leur viendrait pas l'idée de chercher à s'initier ». Vous êtes froid, vous, alors. La montagne et Mahomet, quoi. Trois millions de types ? Ça serait plus rationnel de *vous* initier, vous. Ou alors qu'on ne parle plus d'initiation (moi, j'étais pas du tout pour).

Au reste, *quatrième point.*
Ainsi est-on toujours le mouton de Panurge de quelqu'un, fût-ce de soi-même. Et c'est ce même péché que vous commettez en neuf pages de *La Parisienne* ce mois de janvier 1954. Vous avez aveuglément suivi Panurge-Guérin, comme Véraldi

suit Panurge-Véraldi ou Vian Panurge-Vian. Mais nous, Raymond, on est de petits Panurges. Panurge Del Duca (c'est l'éditeur de *Nous Deux*) ça, c'est un Panurge de choix. Trois millions de moutons foutus à l'eau une fois par semaine. Du rendement. Vous allez me dire, la qualité de la laine. Mais ces moutons-là n'ont pas plus froid que nous, Raymond, et si c'est pour les noyer, hein, ils peuvent bien avoir du coton sur le dos. Hydrophile, même. Ils couleront plus vite, et Del Duca sera ravi. Notez, c'est vrai, nous on nage plus longtemps. Quand même, chacun de nous reste un Panurge d'intérêt local. Guareschi, c'était déjà plus efficace.

Notre troupeau personnel est réduit. Bon. *Cinquième point,* c'est comme ça que nous aurons le Prix Nobel. Vous en 1965, Véraldi en 1987, moi en 2000 (j'attends que tous les gens que je connais soient morts pour ne pas me sentir trop ridicule). Regardez Gide. Gide a eu le Prix Nobel, hein, il l'a eu, oui ou non ? Et pourquoi ? Parce qu'il avait très peu de moutons. Il le dit lui-même, c'est dans le journal page 1220 (même des citations — ce mois-ci, je me mouille drôlement) : « Il y a du malentendu dans toute acclamation populaire (du moins tant que le peuple continuera d'être ce qu'il est encore), quelque chose de frelaté, de quoi je ne peux point me satisfaire. »

Gide, Raymond, le grand Gide était content de ne pas avoir trop de moutons. (Et on ne peut pas admettre que le jury *entier* du Nobel soit composé de pédérastes. Ce serait trop beau.) Et vous, vous protestez que les gens ne s'initient point ? Mais ce serait ça, la panurgerie, voyons. Cette énorme contradiction qui traîne dans votre chronique m'a, je l'avoue, ravi, et n'a pas peu fait pour confirmer l'estime que je vous portais déjà (ceci n'est pas une raillerie, prenez-le du fond de mon cœur).

Analysons les raisons qui font cependant que Gide n'est pas un grand écrivain (vous êtes bien d'accord, Raymond, la chronique littéraire, c'est l'occasion de dire des vacheries aux confrères, morts ou vifs, en toute amitié). Voilà Gide, et sa timidité : « J'ai toujours écrit pour ceux qui viendront. Comme j'étais de mauvaise santé et ne pouvais espérer vivre longtemps, j'acceptais de quitter cette terre sans avoir connu le succès. »

Posons d'abord un postulat. Moutons initiaux nous sommes, c'est dit ; mais le succès, c'est bien l'accueil qui répond à notre attente, vous me l'accordez ? Si j'écris un livre pour six millions de lecteurs et s'il tire et se vend au nombre correspondant, c'est le succès. Car si j'écrivais un livre pour « l'élite » et s'il se vendait comme *Nous Deux,* qu'aurais-je fait ? Une erreur. Donc je ne serais pas intelligent. Et si j'étais intelligent, je serais pas un grand écrivain. Or je suis un grand écrivain puisque je connais le succès. Malgré toute ma mauvaise foi, vous suivez mon raisonnement, Raymond. Gide s'est trompé. Donc, Gide n'était pas intelligent. Donc, Gide n'est pas un grand écrivain. Mais Daniel-Rops, oui. Puisqu'il écrit *pour* un résultat qu'il obtient. Donc il est intelligent. Donc, c'est un grand écrivain. Mais ce n'est *pas* un grand écrivain. Donc, le succès ne caractérise pas un grand écrivain. Donc, on peut être un grand écrivain sans avoir de succès, mais, malheureusement, on peut aussi être un grand écrivain et avoir du succès, et j'ai écrit vingt lignes de plus pour rien. Cependant, Gide s'est trompé, et on lui a donné le Prix Nobel. Cela nous encourage à continuer. Ce qui reste, c'est la démonstration de ce que le Prix Nobel va aux petits troupeaux.

Sixième point.

L'erreur générale que vous commettez, voilà, il va me falloir encore une comparaison, c'est comme l'énergie. Les formes nobles de l'énergie. Chacun sait qu'une énergie peut se dégrader (si chacun ne le sait pas, tirez vos cahiers de vos serviettes et prenez des notes, s'il vous plaît). L'énergie électrique, par exemple, qui se transforme en chaleur dans un radiateur électrique se dégrade, et on peut déjà en tirer beaucoup moins. On dit qu'elle se dégrade parce qu'il y a de bien meilleures façons de l'utiliser : dans un moteur par exemple (je précise : pas un moteur à essence, un moteur électrique) on obtient un rendement bien supérieur. Combien d'énergies nobles finissent ainsi en chaleur, dissipée (frottements, etc.) comme ça, comme on vieillit. Triste, mais inévitable. Eh bien, le roman et la critique, c'est tout pareil, je veux dire, ça diffère l'un de l'autre à la façon des énergies. Le roman étant une forme de l'énergie, la critique en est une forme dégradée. En conséquence, *aucune critique ne saurait atteindre aucun roman, à moins qu'elle ne soit constituée elle-même sous forme de roman, ce qui la placerait dans le même espace-temps* (j'emploie ce terme d'espace-temps parce que cela fait instruit, mais *sur un même plan* suffirait). Ainsi, prenez une ampoule électrique qui donne, quand elle s'allume, de la lumière et de la chaleur, vous aurez beau la baigner de bien plus de lumière et la poser sur la cuisinière, elle ne fournira pas de courant. Ça s'appelle l'irréversibilité. Carnot a donné de fort belles lumières (pas électriques, plutôt à vapeur) au monde scientifique sur ces questions, que j'évoque en passant pour vous faire profiter de mon érudition quasi-encyclopédique (il y a des encyclopédies de toutes les tailles, chose étrange mais vraie).

Par contre, la critique d'une critique s'exerçant dans un domaine commun porte ; d'où l'inutilité, pour elle, des romans. Je n'ai pas dit *du* roman ; on conçoit qu'il en faut au moins un ; mais à la limite, à supposer qu'il n'en reste qu'un, la critique n'en cessera pas moins d'avoir exactement les mêmes possibilités et les mêmes limitations vis-à-vis d'elle-même ; ce sera toujours le même prétexte qui servira. (Tout romancier exerçant l'art critique par intermittence, naturellement, choisirait que survive un de *ses* romans.)

De là vient également qu'engueuler un critique théâtral est un jeu sain, divertissant, et qui *peut* avoir une efficacité, puisqu'il y a possibilité de contact. Par contre, le critique théâtral n'est autorisé à aucune familiarité avec la pièce. Que si certains s'imaginent la critique plus valable que la pièce, et que l'on renverserait aussi bien les termes, l'œuvre étant la forme dégradée de la critique, je leur répondrai que ce n'est généralement pas vrai pour des raisons de temps (le temps est lui aussi irréversible — on le pourrait aisément déduire du principe de Carnot si celui-ci remplaçait le temps, ce qui est possible et prouve que le temps et le principe de Carnot sont, au contraire du roman et de la critique, de la même nature, car ils ne vieillissent ni l'un ni l'autre et ne se dégradent pas en passant de l'un à l'autre.) Que ce n'est généralement pas vrai, mais que cela peut arriver : exemple : à supposer que parti d'une critique imaginaire de Borgès un auteur écrive le roman correspondant, c'est le roman qui serait la forme dégradée et la critique la forme noble. D'où nous déduisons ce second théorème : *La critique n'a valeur d'œuvre que lorsqu'elle porte sur un sujet imaginaire.*

Cette conséquence va maintenant nous entraîner fort loin, je m'en excuse, cher Raymond, mais je ne m'y attendais pas et je vous assure que je suis le premier abasourdi des découvertes que je suis en train d'accumuler. Ecoutez donc à quoi l'on aboutit.

Septième point.
Ou le critique est honnête, et *fait* la critique réelle du livre (de la pièce). En ce cas, sa critique ne vaut rien, que dans un domaine inférieur.

Ou le critique est malhonnête, commence son article par « M. Untel affirme que... » ou « on a voulu dire que », etc., et s'embarque là-dessus. Et neuf fois sur dix, sa critique prend valeur d'œuvre, car M. Untel n'a voulu dire cela que dans l'idée du critique, et de fait n'en a jamais prononcé un mot.

Chose étrange, neuf critiques sur dix procèdent de la sorte. Est-ce à dire que ce qu'ils écrivent est intéressant ? Que c'est une œuvre ?

Vous concevez, Raymond, le trouble où cet irrévocable enchaînement de conséquences est en train de me jeter. Et vous vous doutez que je ne vais pas me laisser faire comme cela.

Car, par un tour malheureux de l'esprit de qui se fait critique, malgré la précaution oratoire du critique de la seconde espèce, l'animal oublie vite son point de départ et ne critique plus que l'auteur de l'œuvre et non pas celle-ci.

Lequel auteur est une forme d'énergie encore plus noble que son œuvre, ce qui met le critique encore plus loin de lui.

(Ça, Raymond, ça va vous satisfaire, je gage, car, ce n'est pas un reproche, vous avez l'orgueil de la profession, mais de plus, l'homme, et un certain homme, est bien le sujet de vos œuvres elles-mêmes.)

*
* *

Mais le vertige m'égare, et me voilà bien loin (et à dessein, selon ce que je viens d'exposer) de mon propos initial.

Je voudrais, avant de prendre congé, et en vous recommandant l'Alka Seltzer plus agréable à prendre que l'aspirine, revenir encore sur un moment de votre chronique. Vous le voyez, elle m'a fait penser, dans la mesure où.

« Avons-nous jamais (nous autres, littérateurs ou lecteurs experts, dites-vous) réussi à imposer un écrivain que nous estimons ? »

Ce qui nous amène au huitième point, critique et publicité...

Vous demandez au critique d'avoir la même efficacité qu'un agent publicitaire ? et ceci avec des méthodes de pure hypocrisie. Mais, Raymond, c'est justement pour cela que je pense mal des critiques, c'est qu'ils font mal leur boulot d'agents publicitaires. C'est une forme archaïque de la publicité, dégénérée et pathologique, la critique, et c'est pour ça que ça vous trouble — mais ce n'en est qu'une toute petite branche, mal partie. Jouhandeau, que vous citez, moi je me charge de vous le lancer aussi facilement que le premier Garap venu. Donnez-moi des sous et je vous en fait vendre cent mille par an, du Jouhandeau. Plus. Seulement voilà. Vous voudriez que ça mrche tout seul, justement parce que vous croyez qu'un critique, avec ses méthodes archaïques, battra les méthodes de publicité modernes ? C'est un peu énorme, non ? Encore un métier que vous assurez savoir mieux qu'un spécialiste, tiens ! Le public, il en achèterait de l'Omo, s'il ne savait pas ce que c'est ? Choisissez. La gloire de votre vivant ? Alors, prenez un bon agent de publicité. Vous-même, à la rigueur, mais vous n'avez pas les relations qu'il faut. Ce n'est pas Arland qui imprime les affiches, ce n'est pas Audiberti, ce n'est pas Queneau, ni n'importe lequel de ceux qui vous apprécient mais ne peuvent qu'en écrire. Et pas de travail à moitié. Pas de pudeur. Allez-y. Tous les moyens. Pas cette fausse réticence que l'on sent parfois dans vos chroniques : « Ah, comme vous devriez vous presser de me le dire et de le dire à tout le monde, que je suis un grand écrivain. »

J'exagère, je suis un peu vache avec vous mais je vous assure, il y a un peu de ça dans vos papiers — ça fait parfois manque d'humour. Sacha Guitrysez. Ça marche. Garap. Omo. Persil. Guérin. C'est cher au départ, mais on se retrouve sur la quantité : la Série noire. Etc. Enfin, bon sang, remuez-vous, on n'a rien sans rien. Ou alors, autre face de l'alternative : la gloire qui vient toute seule. La qualité de vos ouvrages n'est pas en doute. Celle des romans de Stendhal non plus. Mais ça, ça prend du temps. Et même quand on l'a à l'ancienneté, la gloire, Racine, Molière, eh bien ça ne tient pas sans publicité. « J'étais seul l'autre soir au Théâtre-Français. » Attendez votre Musset, votre Martineau. Mais si vous choisissez la seconde voie, Raymond, cessez de râler, hein. Cessez d'engueuler le public. Il n'y connaît rien, et il est là pour ça. Et heureusement. La moutarde Maille, produit plus que centenaire et de qualité, vous croyez qu'elle en vendrait, sans publicité ? Et Constant, vous croyez qu'il a gagné la gloire de son vivant ? Moi, je vois des affiches plein Paris. Les POULPES. Pendant un mois, les poulpes. Et puis des poulpes partout, des petits, gluants, en matière synthétique, blancs, rouges, verts, que des mendiants habillés en prisonniers de guerre mettent dans les poches de tous les hommes *blonds* qui prennent le métro. Pourquoi blonds ? Garap. Toujours Garap. Sans raison, c'est ça la raison en publicité. Des poulpes partout ! Un jour, une annonce à la radio : « L'ONM signale : un poulpe géant est émergé ce matin du lit de la Seine. Il se dirige à petite allure le long de la rue de Solférino. » Une attaque à tentacule armé. Dans un taxi. Deux poulpes, avec des vieux souliers, des ossements, un chapeau. Ce qui reste : les POULPES. D'autres affiches. Votre portrait, grand, mince, tanné, le cheveu dru, la lunette ironique. Un harpon à la main. Le lendemain, cent mille affiches. « Les Poulpes, le chef-d'œuvre de Raymond Guérin. » Trois cent mille exemplaires en deux mois. Et j'en passe. Mais Gaston est un peu radin, voilà.

Quand même. Décidez-vous. Daniel-Rops ou Stendhal. Et ne protestez pas contre Char si Char fait mieux sa publicité que vous (ce qui serait plutôt moins estimable, vous le savez bien).

Et ne faites pas de critique. Vous êtes romancier,

que diable. On finit toujours par dire des blagues quand on se lance dans un autre métier que le sien.
A preuve.
Amicalement
                                        Boris Vian.

TABLE DES MATIERES

Boris Vian, poète, par Noël Arnaud 9

BARNUM'S DIGEST
A nageoires 33
A double entrée 34
A collier 35
A griffes 36
A la colle 37
A queue alternative 39
'A privatif 40
A poil 41
A lard 42
A cornes 43

CANTILENES EN GELEE
Chatterie 47
Qu'y a-t-il ? 49
La vie en rouge 51
Chanson 52
Les araignées 54
Le grand passage 56
Les instanfataux 57
La vraie rigolade 59
Les isles 61
Des goûts et des couleurs 63
Précisions sur la vie 64
Les mers de Chine 66
Premier amour 69

La licorne	70
Les mouches	73
Les mains pleines	74
Ma sœur	76
Le fond de mon cœur	78
Art poétique	79
Les frères	80

POEMES INEDITS

Monsieur de Bergerac	87
Sous le banian	88
Deligny	90
La vaseline	91
Au début, la beauté	92
Il est temps	94
On a mis des affiches	95
Chanson galante	96
Bonjour, chien	97
A force de les voir	98
De l'amour lente	99
Monsieur Victor	101
Rue Traversière	102
Lettre en vers à Raymond Queneau	104
Ile déserte	107
Cantate des boîtes	109
Rue Watt	114
Chanson de charme	117
Conseils à un ami	120
Le docteur Schweitzer	123

JE VOUDRAIS PAS CREVER

Je voudrais pas crever	131
Pourquoi que je vis	135
La vie, c'est comme une dent	137
Y avait une lampe de cuivre	138
Quand j'aurai du vent dans mon crâne	140
Je n'ai plus très envie	142
Si j'étais pohéteû	143
J'ai acheté du pain dur	144

Y a du soleil dans la rue 145
Un homme tout nu marchait 146
J'ai mal à ma rapière 147
Ils cassent le monde 148
Un de plus 151
J'aimerais 154
Donnez le si 155
Un poète 156
Si les poètes étaient moins bêtes 157
Elle serait là, si lourde 159
Y en a qui ont des trompinettes 162
Je veux une vie en forme d'arête 163
Un jour 164
Tout a été dit cent fois 165
Je mourrai d'un cancer de la colonne vertébrale 166

LETTRES AU COLLEGE DE 'PATAPHYSIQUE

Lettre au Provéditeur-Editeur
sur la Sagesse des Nations 171
Lettre au Provéditeur-Editeur sur un problème quapital
et quelques autres 187
Lettre au Provéditeur-Editeur sur quelques équations
morales 197
Lettre à Sa Magnificence le baron Jean Mollet, Vice-
Curateur du Collège de 'Pataphysique, sur les truqueurs
de la guerre 204

SUR LA LITTERATURE ET LA FONCTION DE L'ECRIVAIN

Un robot-poète ne nous fait pas peur 215
Tentative de brouillage de cartes 222

Achevé d'imprimer le 30 janvier 1976 sur les presses de l'Imprimerie Carlo Descamps à Condé-sur-l'Escaut pour Christian Bourgois, éditeur à Paris.